투알못도 부자로 만들어주는 책 읽기

부의 공부법

투알못도 부자로 만들어주는 책 읽기

부의 공부법

이재범(핑크팬더) 지음

일상이상

부의 비밀, 나는 책에서 발견했다

처음 투자 공부를 하겠다고 마음먹었을 때 가장 막막했던 것은 무엇부터 해야 할지 모르겠다는 점이었다. 가장 접근하기 쉬운 것은 역시나 책인데 시중에 책은 넘쳐나고 어떤 책이 도움이 될지를 구분해내는 능력이 부족했다. 당시에 유명한 온라인 카페에서 사람들이 추천한 책 위주로 목록을 구성해서 읽었다. 확실히 아무것도 알지 못하는 내가 무작위로 마음에 드는 책을 고르는 것보다는 훨씬 좋았다.

큰 도움이 되었다. 덕분에 좋은 책을 읽을 수 있었다. 꽤 시간이 지난 후 나에게도 그런 부탁을 해오는 경우가 많았다. 특정 상황에 맞는 책을 선정해 달라는 부탁이었다. 내가 주로 읽는 책은 큰 카테고리로는 경제/경영이다. 자연스럽게 알려주는 책의 대부분도 경제/경영 분야였다. 다행스럽게도 내가 추천한 책을 읽은 사람들은 큰 도움이 되었다는 인사를 했다.

출판업계가 갈수록 불황이라지만 시중에는 많은 책이 출판되고 있다. 1년에도 무려 8만 종이나 되는 책이 독자들을 기다리고 있다. 분명히 책 자체는 나쁜 것이 없다. 저자들은 큰 공을 들여 지식과 정보를 전달하는 데 온 힘을 쏟는다. 허나 개중에는 아쉽게도 함량미달인 책도 꽤 있다. 초보자가 이런 책을 검증하는 것은 어렵다. 더구나 책은 일단 읽어봐야 판단을 내릴 수 있다. 그나마 나는 오랫동안 책을 읽어왔으니 어느 정도 판단할 기준이 생기긴 했다.

판단 기준이 있지만 그것에 대해 서술하기는 힘들다. 수많은 책을 읽은 끝에 얻은 촉이라면 촉일 수 있다. 그렇다고 내 촉이 무조건 맞는 것은 분명히 아니다. 아직까지 좋은 책을 정확히 판별하지 못하지만 별로인 책을 고르는 것만큼은 아직까지 틀린 적이 없다. 좋은 책을 고르는 능력이 없어도 나쁜 책만 피해도 큰 도움이 된다. 지난 10년 이상의 기간 동안 수많은 책을 읽고 내가 운영하는 '천천히 꾸준히'라는 블로그에 리뷰했다.

책을 읽는 목적은 무엇인가를 얻기 위해서다. 귀한 시간을 들여 책을 읽게 된다. 하나라도 얻는 것에 초점을 맞춰 읽었다. 아무리 별로인 책도 하나라도 얻는 것이 있다면 읽은 보람이 있다. 책에서 5~10% 정도라도 얻는 것이 있으면 좋은 책이라고 늘 주장했다. 가끔 반대로 책을 읽는 사람도 있다. 얻는 것이 아니라 자신이 마음에 들지 않는 것에 초점을 맞춰 읽는다. 독서를 하는 이유에 대해 다시 한 번 생각해 볼 필요가 있다.

이런 생각으로 대부분 책을 읽었지만 가끔은 비판한 책도 있다. 나에게 댓글로 고맙다고 한 경우도 있다. "믿고 거릅니다." 이런 표현을 하며 내가 별로라고 한 책은 읽지 않아 시간을 많이 단축할 수 있었다고 말이다. 그런 칭찬을 들으면 어깨가 으쓱해지면서도 살짝 무거워진다. 좋은 책을 선택하는 데 있어 어쩌면 내 리뷰가 도움이 될지도 모른다. 여전히 상대적으로 쉬운 책을 읽는다. 기본을 다시 돌아보기 위해서이기도 하지만 사람들에게 도움이 되었으면 하는 바람 때문이다.

단순히 지식을 쌓기 위해 투자 관련 책을 읽는 사람은 없다. 실전 투자를 하고 싶어도 아는 것이 별로 없으니 가장 확실한 방법으로 독서를 시작한다. 안타깝게도 책은 가장 좋은 교재이지만 곧장 투자 책을 읽으면 별 도움이 안 된다. 무엇보다 머릿속에 있는 기존의 체계를 변경시켜야 한다. 이전까지는 투자와 전혀 상관없는 뇌를 장착하고 있었다. 이 뇌 시스템 자체를 변경시키지 않는다면 아무리 투자 책을 읽어도 별 소용이 없다.

이를 위해서는 부에 대한 마인드부터 바꿔야 한다. 나도 모르게 부에 대해 부정적으로 인식하는 사람들이 많다. 부는 나와 전혀 상관없는 남의 일이라고 치부한다. 투자를 하면서도 자꾸 예전의 나로 돌아가려 하는데, 잘 안 되는 이유다. 부에 대한 마인드부터 새롭게 바꿔야 오래도록 투자를 할 수 있다. 아울러 어떤 식으로 시스템이 돌아가는지에 대해 알 필요가 있다. 이를 위해서 1부 '부자가 되려면 마인드부터 바꿔라'에서는 관련된 책들로 선정했다.

결국 모든 것은 돈에서 시작한다. 현대 자본주의에서 돈은 거의 신의 영역에 이르게 되었다. 돈 때문에 벌어지는 일이 너무 많다. 말도 많고 탈도 많은 돈에 대해 알아야 제대로 접근할 수 있다. 돈에 지배당하지 말고 돈이 나에게 달라붙도록 만들어야 한다. 자본주의에서 돈이 어떤 식으로 돌고 도는지 아는 것은 그런 의미에서 중요하다. 상황에 따라 돈이 어디로 흘러가서 자산을 움직이는지를 파악할 필요가 있다. 2부 '부자가 되려면 돈 공부부터 시작하라'에서는 도움이 될 책들로 엄선했다.

동학개미 열풍과 함께 뜻하지 않게 수많은 사람들이 주식투자를 시작했다. 금융은 자본주의 사회에서 우리와 불가분의 관계다. 예금과 적금만 알고 있는 사람이라도 시간이 지날수록 그것이 정답이 아니라는 것을 깨달았을 것이다. 똑같은 돈을 갖고 어떻게 하느냐에 따라 시간이 지나면서 액수가 달라지니 말이다. 시중에 뜬구름 잡는 금융 책이 많다. 실전적으로 도움이 될 책이면서 따라할 수 있는 방법을 담은 책이 좋을 것이다. 3부 '금융투자, 나에게 맞는 방법을 찾아라'에서 소개하는 책을 읽는다면 충분할 듯하다.

지난 몇 년 동안 자산시장의 꽃은 누가 뭐래도 부동산이었다. 부동산투자를 했느냐의 여부에 따라 자산 차이가 엄청나게 벌어졌다. 투자가 아닌 실거주 목적으로 1채만 매수했어도 그렇다. 덕분에 엄청나게 많은 부동산 책이 시중에 쏟아졌다. 옥석을 가리기 힘들 정도로 많이 나왔다. 워낙 큰돈이 오가는 부동산은 덩치만큼이나 분야도 다양하다. 과거와 달리 데이터까지 접목해 투자해야 하니 알아야 할 것도 많다. 고르고 골라 택한 부동산 책들을 4부 '부동산 투자, 공부한 만큼 성공한다'에서 추천했다.

지금까지 많은 사람들이 내가 핑크팬더라는 닉네임으로 '천천히 꾸준히'라는 블로그에서 추천한 책을 읽고 만족해했다. 그러다보니 나름 소명감을 갖고 책을 소개하고 있다. 이 책『부의 공부법』은 그 책들 중에서 투자 공부를 하려는 분들에게 도움이 될 책 50여 권을 엄선해 소개했다. 또 이 책에서 소개한 책들을 활용해 더 깊게 공부하고자 하는 독자를 위해 내 투자 경험과 해설도 덧붙였다. 투자를 시작하고 싶지만 무엇부터 공부해야 할지 모르는 여러분에게 이 책이 도움이 되길 바란다. 어느 정도 책을 읽었는데도 갈증이 해소되지 않는 사람들에게도 샘물이 되어주길 바란다. 아울러 이 책에서 소개한 책들을 써준 저자들, 훌륭한 책을 써준 저자들에게도 고마움을 표한다.

여러분이『부의 공부법』을 읽고 투자의 기초를 쌓고 일정 수준까지 다다를 수 있길 바란다. 모쪼록 성장하는 시간이 되기를 희망한다.

지은이 이재범(핑크팬더)

차례

제1부

부자가 되려면
마인드부터 바꿔라

차례

제2부

부자가 되려면
돈 공부부터 시작하라

차례

제3부

금융투자,
나에게 맞는 방법을 찾아라

차례

제4부

부동산투자,
공부한 만큼 성공한다

제1부

부자가 되려면
마인드부터 바꿔라

01

부의 본능을 깨우는 고전,
『내 안의 부자를 깨워라』

최근에 나온 책 중에『부의 본능』이 있다. 이 책은 2004년에 출간한 브라운 스톤의『내 안의 부자를 깨워라』의 개정판이다. 이번에 내가 읽은 책은 2010년에 출간한 초판의 개정판인『내 안의 부자를 깨워라』다. 이 책은 워낙 인기가 있어서 그런지 일정 기간이 지나면 개정판이 세상에 나온다. 이 책은 그만큼 내용이 좋다.

물론 개정판을 출간하지 못한 책들이 모두 나쁜 책은 아니지만 어느 정도 꾸준히 인기를 끄는 책이 좋은 경우가 훨씬 더 많다. 좋은 책이라고 소문이 나면 사람들에게 꾸준히 사랑받게 마련이다. 그런 책들은 대부분 질긴 생명력을 갖고 사람들에게 찾아온다. 저자가 처음

이 책을 출간하기 전에 이미 '텐인텐' 카페에 올린 글을 접했다. 무엇보다 글이 읽기 쉬웠는데, 재미있고 흥미로웠던 것은 투자를 심리와 접목한 것이다.

2000년대 초반까지만 해도 투자를 심리와 접목해 알려주는 책은 거의 없었다. 그때까지만 해도 행동경제학(인간의 행동을 심리학, 사회학, 생리학의 관점에서 바라보고 그로 인한 결과를 밝히는 경제학의 한 분야)은 한국에 제대로 알려지지 않았다. 그런 면에서 이 책은 심리가 투자에서 어떤 역할을 하는지를 알려준 책이었다. 당시에 읽으며 '그렇구나'라며 고개를 끄덕이고 새로운 사실을 알게 되어 좋아했다. 저자가 밝힌 것처럼 이 책은 철학, 심리학, 게다가 행동경제학까지 투자에 접목한 선구적인 책이다.

사실 이 책은 다른 외서들에서 이미 소개한 내용을 소개하고 있지만 한국에서는 행동경제학 등이 생소했으니, 어떻게 보면 저자는 그만큼 앞서간 사람이라 할 수 있다. 한국에서 다소 주먹구구식으로 감에 의지한 투자를 주로 하던 때에 저자 나름의 과학적 방법으로 투자했다는 반증도 된다. 한편으로는 여러 책의 유익한 내용을 이 한 권으로 알 수 있게 해준다. 그리고 무엇보다 저자가 500만 원 정도 투자해 50억 원을 만들었으니 눈길을 끈다.

사실 이 부분이 가장 흥미를 끈다. 이미 45억 원을 벌었다가 실패로 모두 날리고 다시 노력해서 50억 원을 만들었다고 하니 더 대단해 보인다. 그런 면에서 중요한 것은 돈이 아닌 것 같다. 투자를 할 수 있는 경험과 지식, 노력이 더 중요하다. 돈이 있어도 투자할 수 있는 용기 등이 없다면 아무런 의미가 없다. 모든 것을 잃었을지라도 그 과정에서 얻은 경험은 그 어떤 것으로도 대신할 수 없다. 바로 이 점이 저자인 브라운 스톤이 말하는 핵심이다.

흔히 투자는 '황금알을 낳는 거위'라고 생각하지만 위험하고 어렵다. 돈을 잃을 가능성도 엄청나게 크다. 수익이 무조건 생기는 것도 아니다. 은행 적금만큼 수익률이 확실히 정해진 것도 아니다. 그럼에도 많은 사람들이 "아무것도 안 하는 것이 더 위험하다"고 말한다. 사업 등으로 엄청나게 많은 돈을 벌어들이는 사람이라면 모르겠다. 그렇지 않은 대다수 사람들은 투자를 해서 자신의 돈을 불려야 한다. 이것은 자본주의 시스템을 이해하면 저절로 깨닫게 된다. 아무것도 안 하는 것이 궁극적으로 더 위험하다. 당장은 안전하게 돈을 갖고 있는 것이 확실한 방법 같지만 시간이 지나며 인플레이션 등으로 화폐 가치는 하락한다. 그렇다면 투자를 해야 하는데 그 과정에서 인간이 갖고 있는 본능 때문에 어려움이 따른다. 막상 투자를 하기 전에 엄청난 수익을 얻을 것 같은 환상에 사로잡히거나 폭망할 것 같은 공포에 사로잡힌다. 그 이유는 사실이 아닌 지레짐작하는 설레발 때문이다.

이를 극복하기 위한 방법으로 이 책은 투자자가 피해야 할 9가지의 방해물과 부자를 깨우는 8가지 도구에 대해 알려준다.

9가지 방해물

- 무리 짓는 본능
- 영토 본능
- 쾌락 본능
- 근시안적 본능
- 손실공포 본능
- 과시 본능
- 도사 환상
- 마녀 환상
- 결함 있는 인식체계

8가지 도구

- 신경조건화하기
- 모델 따라하기
- 유혹 회피하기
- 가계부 쓰기
- 작은 성공 체험하기
- 서약서 쓰기
- 진실 파악하기
- 신에게 기도하기

부의 공부법

여기에 추가적으로 돈복을 부르는 10가지 맞춤 처방도 소개하고 있다. 이 처방은 9가지 방해물과 8가지 도구를 이용해 극복하는 방법이다. 스스로 정한 원칙에 따라 돈 버는 방법을 처방하니 나름대로 괜찮다.

'Oldies but Goodies(오래된 것이 좋은 것이다).'

초판이 출간된 지 10년이 훨씬 지났는데도 2번이나 개정판이 나왔으니, 그만큼 사람들에게 지속적으로 사랑받는 책이다. 이 책은 이제 막 투자를 시작하려는 사람이나 이미 하고 있는 사람들 모두에게 좋은 책이다.

02

돈을 지키는 기본 원칙,
『돈 일하게 하라』

한국에서 주식투자로 유명한 사람들이 있다. 그들은 각자 다양한 투자방법으로 유명하다. 그중에서 슈퍼개미라고 불리는 사람도 있다. 나는 그런 사람들을 모두 알고 있지는 않다. 『돈, 일하게 하라』의 저자인 박영옥을 알게 된 것은 뉴스와 책을 통해서다. 무엇보다 여러 회사의 지분을 5% 이상 갖고 있는 것으로 뉴스에 나올 정도로 슈퍼개미다. 이 정도면 주식투자로 성공한 사람으로는 최고라 할 수 있다. 책을 통해서는 그가 1,500억 원 정도의 자산을 갖고 있다는 것을 알 수 있다. 다른 방법도 아닌 오로지 주식투자로 말이다.

주식투자로 이 정도로 성공했으니 대단하다. 아직까지 한국에는 미국의 워런 버핏처럼 엄청난 주식투자자가 없다. 워런 버핏을 단순한 주식투자자로 보기는 힘들지만 말이다. 그런 점에서 주식농부 박영옥은 한국에서 워런 버핏이 될 가능성이 크다. 그의 투자철학은 가치투자다. 상대적으로 짧은 시간에 꽤 큰 수익을 냈지만 그것이 운이라고 겸손하게 말한다. 주식투자로 이 정도 자산을 모았으면 우쭐할 수도 있을 텐데 말이다.

그렇다면 그는 어떻게 성공했을까? 지금까지 박영옥이 쓴 책을 여러 권 읽었는데 어느 책에도 대단한 방법이 있다고 말해 주지 않는다. 오히려 투자철학과 삶에 대한 태도를 이야기하는 경우가 훨씬 더 많다. 특히 이 책은 원칙에 대해 더욱더 강조한다. 저자는 수익을 낸 것보다 원칙을 지키는 것이 더 중요하다고 말한다. 수익을 냈다고 해도 원칙을 지키지 않는다면 행운은 아주 잠시 찾아올 뿐이다. 오히려 더 위험하다.

내 경험상 이 말에 대해 십분 공감한다. 원칙을 지키지 않고 수익을 내면 원칙이 흔들린다. 수익보다 중요한 것은 원칙이다. 원칙을 지키지 않고 얻은 수익은 금방 신기루가 된다. 어느 순간부터 수익이 나지 않는다. 손해가 더 커진다. 투자는 짧게 하고 끝내는 것이 아니다. 그런 면에서 원칙이 중요하다. 저자는 원칙을 꼭 지켜야 한다고 말한다. 주식투자로 큰 성공을 거둔 사람의 말이니 꼭 새겨들어야 할 말이다.

이 책의 초반에는 부자에 대해 이야기한다. 저자 자신이 어릴 때 가난했다고 알려준다. 공장에서 일하며 지냈다고 한다.

가난한 사람은 돈 걱정을 한다. 부자는 돈 생각을 한다. 이 차이는 크다. 돈이 없다고 걱정할 시간에 어떻게 하면 돈을 벌 수 있을까 고민하기 시작하면 모든 것이 달라진다. 대부분 욕망만 갖고 방법을 찾으려고 노력하지 않는다. 이 책은 바로 이 점을 날카롭게 꼬집고 있다. 부자가 될 수 있는 태도를 이야기하는 것이다. 주식투자를 중점으로 부자가 될 수 있는 태도에 대해 이야기한다. 우리는 대부분 짧은 시간에 돈을 벌려고 한다. 너무 당연하게 생기는 욕심이다.

그 어떤 것도 빨리 달성하는 것은 드물다. 주식투자라고 다를 것은 없다. 주식투자는 운이 좋으면 짧은 시간에 수익을 내는 경우가 왕왕 있다. 하지만 저자는 요행수일 뿐이라고 말한다. 유명한 기업을 발견하면 1~2년 정도를 추적관찰한다. 그 기간 동안 충분히 회사를 연구 및 조사하고 탐방도 한다. 조금씩 조금씩 해당 기업의 주식을 사 모은다. 그 과정에서 뜻하지 않게 주가가 상승해도 '한꺼번에 많이 살걸…' 하고 아쉬워하지 않는다. 중요한 것은 회사를 충분히 아느냐다.

대체적으로 최소한 3년 정도는 바라보고 회사에 투자한다. 그 기간 이내에 수익이 난 경우도 있지만 처음부터 3년은 생각하면서 매수한다. 수익을 내는 것도 큰 욕심을 내지 않는다. 자신이 정한 목표 수익률에 도달하면 매도한다. 목표 수익률은 상황에 따라 달라지긴 하지만 매도 시점에 따라 과감히 매도한다. 물론 매도 후에 훨씬 더 크게 상승한 경우도 많다. 그렇지만 전혀 상관없다고 말한다.

또한 저자는 기업과 동행한다. 기업이 잘되는 것을 응원한다. 해당 기업의 주식을 매입해 수익을 내는 것에 그치지 않고 자신이 투자한 기업과 동행한다. 기업이 생각한 대로 함께 움직인다. 기업의 매출이나 이익이 늘어나는 것만으로도 기쁘다. 매도 후에 더 상승하면 자신과 동행했던 기업이 여전히 잘되고 있는 것이니 전혀 아쉬워하지 않는다. 자신을 대신해 새롭게 해당 기업과 동행한 투자자가 수익을 누리면 된다고 생각한다. 투자자 입장에서 이렇게 생각하는 것은 사실 쉽지 않다. 대부분의 투자자는 철저히 수익 관점에서 해당 기업을 바라보기 때문이다.

책 중반에는 저자가 직접 투자했던 기업에 대해 설명한다. 여기서도 얼마나 수익을 냈느냐를 설명하지 않는다. 무엇 때문에 해당 기업에 관심을 갖게 되었고 투자했는지를 설명한다. 거창하고 대단한 비밀이 있는 것이 아니라 얼마든지 우리 실생활에서 얻을 수 있는 통로로 파악한다. 남들이 모두 보는 뉴스를 통해서도 해당 기업에 대한 정보를 얻는다. 누군가는 그저 흘려보냈던 그 뉴스를 아이디어로 캐치해 연구 및 조사를 한 후 수익을 낸다. 이렇게 투자자의 관점에서 바라보는 시선과 노력이 중요하다.

한국에서 주식투자로 성공한 저자들의 책들 중에는 우리를 유혹하는 기발한 방법을 소개하는 것도 있다. 이런 책은 오히려 위험할 가능성이 크다. 정말로 돈을 번 사람들의 책을 읽어보면 오히려 기본과 기초를 항상 강조한다. 뿐만 아니라 원칙에 대해서도 누누이 이야기한다. 바로 그것이 가장 중요하다. 기본과 원칙을 지켜나가는 그 과정을 거친 사람만 성과를 달성한다. 가슴이 뜨거워지는 것은 수익을 낼 때뿐이고, 그것이 언제까지 지속되지도 못할 뿐더러 정작 도움이 되지 못하는 경우가 많다. 흔들리지 않고 기본과 원칙을 지켜나간다면 돈을 잃지 않는다. 오히려 돈이 나를 위해 일해 준다.

03

남들과 다른 부자들의 생각,
『부자들의 생각법』

부자들은 좀 다를까? 다 같은 인간인데 그들은 무엇이 다를까? 부자는 돈이 많은 사람이다. 돈이 많아지려면 무언가를 해야 한다. 그런 면에서 남들과 다른 무언가를 했다는 뜻이다. 그것이 무엇인지에 대해서는 정확히 알 수는 없다. 다들 각자 다양한 이유가 있으니 그것을 규격화하기는 힘들다. 부자가 된 이유가 다들 달라도 분명히 비슷한 공통점이 있지 않을까? 그것에 대해 많은 사람들이 궁금해하고 알고 싶어 한다. 그에 대해 알려주는 책이 인기를 끄는 이유다.

부자들에게는 여러 가지 공통점이 있겠지만 사람들은 그중에서 마인드에 대해 가장 궁금해한다. 부자들이 어떤 상황에서 어떻게 판단하고 결정을 내리는지에 대해 말이다. 이와 관련해 딱히 이것이라고 알려주기는 힘들지만 최대한 명확히 알려주는 책이 하노 벡의 『부자들의 생각법』이다. 행동경제학은 이미 인간이 투자 등의 경제활동을 할 때 비이성적인 결정을 내린다고 알려주었다. 미국의 심리학자 대니얼 카너먼은 행동경제학으로 노벨경제학상을 받았다. 노벨경제학상을 경제학자가 받는 전통을 깨고 심리학자가 받은 것이다.

우리가 잘 알고 있는 고전경제학은 인간의 경제활동은 수요와 공급에 따라 모든 것이 이루어진다고 말한다. 하지만 실제 경제활동에서는 수요와 공급만으로 설명되지 않을 때가 너무 많다. 이에 대한 해답을 건네주는 것이 바로 행동경제학이다. 행동경제학은 한마디로 인간의 심리를 알아야 한다고 말한다. 단순하게 본다면 수요와 공급에 따라 가격은 상승과 하락을 반복한다. 그렇다면 수요가 부족한데도 가격이 하락하고 공급이 넘치는데도 가격이 상승하는 것은 어떻게 설명할 것인가? 행동경제학은 이에 대한 해답을 인간의 심리에서 찾아냈다. 우리는 가격이 오르면 더 오를 것이라 생각하고 산다. 가격이 떨어지면 더 떨어질 것이라 생각하고 사지 않는다. 실제로 이런 일들이 비일비재하다.

인간은 결코 합리적인 판단으로 결정하지 않는다. 고등동물이라고 하지만 실제로는 천연덕스럽게 바보 같은 일을 저지른다. 우리가 볼 때 서로 다른 상황 같지만 잘 생각해 보면 똑같은 상황인 경우가 많다. 하지만 그 점을 간과하고 그때마다 다른 판단을 내린다. 그로 인해 잘못된 결정을 내린다는 것도 모른다. 자신이 잘못했는지 모르고 했으니 그나마 다행이라고 해야 할 정도다. 이러한 한계에서 벗어나야 부자의 생각법을 내 것으로 만들 수 있고, 비로소 부자가 될 수 있다.

행동경제학을 알게 된 지 10년이 넘었지만 안타깝게도 여전히 내 행동은 크게 개선되지는 않았다. 실생활에서 내가 알고 있는 것과는 전혀 다른 결정과 행동을 할 때가 종종 있다. 왜냐하면 나 역시 어리석은 인간이기 때문이다. 인간은 수많은 세월 동안 그렇게 행동하도록 만들어졌다. 이것을 극복하는 것은 어렵다. 하지만 꾸준히 알고자 노력하고, 잘못된 습관을 고친다면, 천천히 꾸준히 달라지지 않을까?

이 책은 모르면 당한다고 표현했지만 알아도 당한다. 가장 대표적인 것이 바로 마케팅이다. 마케팅은 우리 생활을 지배한다. 내가 의식하지 못하는 사이에 나는 광고에 지배된다. 스스로 이를 자각하지 못할 뿐이다. 콜라가 먹고 싶은 것은 PPL 등에 노출된 나 자신이 하는 행동이다. 투자에서도 마찬가지다. 부화뇌동, 남들과 똑같이 한다. 현재 벌어지고 있는 상황에서 한 발 떨어져 있지 않다면 남들과 똑같이 판단하고 행동할 수밖에 없다.

『부자들의 생각법』은 책의 말미에 현명하게 행동하기 위한 18가지 방법을 알려준다. 이를 모두 실천하기는 힘들어도 유념해서 꾸준히 노력한다면 좋을 것이다.

현명하게 행동하기 위한 18가지 방법

1. 워런 버핏이 월스트리트에 살지 않는 이유를 기억하라.

2. 투자의 세계에 언제나 통하는 법칙은 없다.

3. 본전 생각을 버려라.

4. 푼돈의 무서움을 기억하라.

5. 손해를 인정하는 법을 익혀라.

6. 늘 처음을 생각하라.

7. 말의 핵심을 파악하라.

8. 돈을 쓰기 전에 며칠만 기다려라.

9. 포트폴리오 전체를 생각하라.

10. 작은 변화를 자주 시도하라.

11. 아무것도 하지 않는 것도 비용이다.

12. 돈을 벌었을 때가 가장 위험한 때다.

13. 투자를 기록하라.

14. 늘 의심하라.

15. 계좌에 이름을 붙여라.

16. 금융위기는 생각보다 자주 온다.

17. 자동이체 주문을 활용하라.

18. 지금 당장 시작하라.

이 책은 마지막으로 용어해설을 소개한다. 단순히 용어만 소개하는 데 그치지 않고 이에 대한 뜻풀이도 했으니 책을 읽은 후에 다시 한번 복기하면 좋을 듯하다. 이런 책은 읽고 또 읽어도 새롭게 다가온다. 그러니 읽는 것 외에는 방법이 없다. 한편으로는 남들이 하지 않는 것을 하려고 노력하는 것만으로도 충분한다. 그게 아니라면 남들이 하고 싶어 하는 것을 나를 통해 하게 만들면 좋을 것이다.

부자가 되는 것은 분명 어렵다. 하지만 천천히 꾸준히 노력하는 것만으로도 부자에 점점 가까워지지 않을까?

04

시간, 돈, 관계에 대한 부자의 자세,
『부자의 자세』

사람들은 자극적인 것을 무척 좋아한다. 현대인의 삶이 더 각박해지고 워낙 많은 자극에 노출되어서 그런지도 모르겠다. 어지간한 자극에는 무덤덤하고 받아들이지 못하니 더 큰 자극을 선호한다. 매운맛에도 그렇고, 투자 관련 책에는 유독 그렇다. 뚝배기에 충분히 우리고 음미해야 하는 책보다는 자극적으로 부자가 되는 방법을 소개하는 책이 인기다. 이런 책은 빠른 시간 내에 돈을 벌어야 한다고 말한다. 엄청나게 스스로를 극한으로 몰아야 한다고 알려주기도 한다.

이런 책을 읽으며 자신을 반성하고 각오를 다지는 것은 좋은 일이다. 내가 볼 때는 딱 거기까지만 하는 것이 좋다. 이런 책은 대개 성공한 사람이 쓴 것인데, 책을 읽고 따라한 사람들은 대부분 실패한다. 너도 할 수 있다고 독려하지만 허황된 꿈을 좋게 하고 허무한 결과만 얻게 된다. 이런 책이 날개 돋듯 팔리는 것이 나는 안타깝다. 반면에 투자에 대한 진실을 알려주는 책은 사람들의 선택을 거의 받지 못하고 조용히 사라지는 경우가 많다.

이에 대해서는 제이원의 『부자의 자세』에도 나온다. 정말 좋은 책은 베스트셀러가 되지 못하는 경우가 많다. 사람들은 진실을 알려주는 책보다는 흥미를 자극하는 책을 선호한다. 부자가 되기 위해 어떻게 해야 하는지 그 민낯을 알려주는 책은 오히려 인기가 없다. 제대로 부자가 되는 방법을 알려주는 책은 우리의 심장을 달아오르게 하지 않는다. 오히려 마음이 차분해지게 하고 쉽지 않은 길을 보여준다. 그런 책을 읽으면서 각오를 다지고 포기하지 않고 끝까지 해내겠다는 의지를 가슴에 새겨야 할 것이다.

그런 점에서 가장 중요한 것은 역시나 자세다. 방법이나 수단을 무시할 수는 없지만 그보다는 올바른 자세를 갖고 방향만 제대로 잡는다면 성공의 시차만 존재할 뿐이다. 대부분의 사람들은 자세와 방향에 대해 고민하기보다는 방법과 수단에 대해 고민만 한다. 그로 인해 일시적으로 수익을 얻거나 좋은 결과를 낼 수 있어도 오래가지 못한다. 어떤 어려움이 닥치거나 기쁜 일이 생겨도 한결같은 자세를 갖고 있는 사람이 결국 더 높은 곳으로 올라간다. 그렇지 않으면 그저 잠시 높은 곳에 머물 뿐이다.

이 책의 저자와는 개인적인 친분이 있다. 그는 무엇보다 시간관리를 잘한다. 자신이 해야 할 것을 한 후에 집에서 그날 공부해야 할 것을 무조건 다한 후에 잔다는 말에 깜짝 놀랐다. 피곤할 때는 간혹 영화도 보지만 그런 자세를 오랜 시간 동안 유지했으니 대단하다. 사업을 하다 힘들었을 때 부동산투자로 돌파구를 찾고 전국을 돌아다니며 자신이 세운 원칙과 공부한 내용을 하나씩 적용하며 전진하고 있다는 그의 말을 듣고는 배울 점이 많다고 느꼈는데, 이 책에는 그와 관련된 실전적인 이야기가 담겨 있다.

저자는 부자에게 필요한 것이 시간, 돈, 관계라고 이야기한다. 이 세 가지 요소가 적절히 균형을 이루고 있어야 한다. 나는 돈만 추구하는 부자를 본 적이 없다. "돈이 최고다"라고 외쳐도 시간도 없고 관계도 없다면 불행한 사람이다. 주변 사람을 통해서가 아니라 본인 스스로 가장 먼저 그것을 느끼게 된다. 부자에게 시간과 돈이 필요하다는 것에 대해서는 많은 사람들이 공감하겠지만 관계가 필요하다는 것에 대해서는 다소 의아하게 생각할 수 있다. 부자는 관계에서 자유롭다. 만나고 싶지 않은 사람을 만나지 않는 자유가 있기 때문이다.

이 책은 인맥을 강조하는 여느 책들과 다른 관점을 제시한다. 부자는 결코 인맥이 화려한 사람이 아니라고 알려준다. 오히려 부자는 인맥이 화려하지 않다. 많은 사람들을 만나지도 않는다. 사람과 사람의 관계에서 오는 이득도 분명히 있겠지만 그보다는 폐해가 더 크다고 알려준다. 성공한 사람들은 반드시 인맥이 넓은 것은 아니다. 기브 앤 테이크처럼 인맥이 넓으면 받은 만큼 줘야 한다. 이것은 상당히 힘든 일이다. 신세를 지면 갚아야 한다는 뜻이니 말이다.

부자는 결코 신세를 지려 하지 않는다. 될 수 있는 한 동등한 관계를 원한다. 주는 것도 부담스럽고 받는 것도 그렇다. 대부분의 부자는 어쩌면 개인주의자다. 부자는 개인의 이익을 우선시하지도 않지만 남을 무조건 배려하지도 않는다. 타인에게 피해 주지 않을 정도로 관계를 맺고 만나고 헤어진다. 오히려 주변 사람과 사업적인 관계를 맺으려 하지도 않는다. 사업은 사업하는 사람들과 한다. 이 책은 장사는 사람을 만나 판매하는 것이고, 사업은 만나지 않고 판매하는 것이라는 정의도 내려준다.

부자는 분명히 착한 사람이 아니다. 거짓말도 한다. 하지만 타인에게 피해를 주지 않는 선에서 한다. 그렇다고 부자는 나쁜 사람은 아니다. 절대로 함부로 사람을 대하지 않는다. 일부 몰상식한 사람들이 언론에 노출될 뿐이다. 갑질하는 성향은 빈부와 상관없는 개인 성향일 뿐이다. 오히려 빈자들이 그런 성향을 보이는 경우가 더 많다. 남을 배려하지 못하고 도움에 대한 요구를 권리로 생각하는 경우도 많다. 부자일수록 안타깝게도 빈자를 멀리하는 이유 중 하나다. 도움받는 것을 권리로 생각하니 도와줘도 결국 안 좋게 받아들이는 경우가 많다.

돈과 시간에 대해서는 이미 여러 책에서도 언급했지만 내가 볼 때 관계에 대해 언급한 책은 드물다. 그런 점에서 관계의 중요성에 대해 이야기하는 이런 책이 많이 출간되면 좋겠다. 관계는 가장 중요하다. 부자들은 그다지 활발하게 사람들과 교류하거나 만나지 않는다. 사람을 만나서 얻는 것도 많지만 그 시간에 자신에게 투자하고 수양을 쌓는 경우가 더 많다. 만나더라도 아무런 불편함도 없고 부담도 없는 사람들과 만나려 한다. 인간 대 인간으로 동등하게 만나 대화하기를 원할 뿐이다.

05

부자가 되는 방법,
『상식 밖의 부자들』

많은 사람들이 부자가 되고 싶어 한다. 하지만 어떻게 부자가 되는지는 잘 모른다. 자신이 부자가 되지 않았으니 모르는 것이 당연하다. 일부 부자들이 하는 이야기를 듣고 그 방법을 따라하려 한다. 그 방법도 좀 애매하다. 그 방법은 그 사람이 했던 방법이다. 그 사람에게 맞을지라도 나에게는 맞지 않을 수 있다. 우리가 살아가는 것은 모두 동일하지만 각자 자신만의 삶의 방법과 태도가 있으니 말이다.

그렇다면 여러 부자들의 행동 등을 통해 유사점을 발견하는 것은 어떨까? 부자들의 행동에 공통점이 있다면 부자가 되는 좀 더 빠른 방법일 가능성이 높다. 그런 면에서 부자가 되는 방법을 소개하는 대부분의 책들은 그런 공통점을 내세운다. 하지만 정작 큰 부자는 이런 방법을 알리는 경우가 없다. 그가 했던 방법을 다른 누군가가 이야기할 뿐이다.

루이스 쉬프의 『상식 밖의 부자들』은 기존 책들과는 색다른 부자가 되는 방법을 알려주겠다고 한다. 책을 읽어보면 그런 주장이 틀린 것은 아닌데, 이 책에서 주장하는 바를 다른 책에서도 이미 주장하고 있다. 그렇게 볼 때 부자에 대해 알려주는 다른 책들과 공통점도 있지만 차별성도 있다. 차별성이 좀 더 많다는 것이 이 책이 갖고 있는 차별성이다.

부자가 되는 방법은 다양하고, 부자의 마인드도 하나로 정의할 수는 없다. 긍정적인 마인드로 성공한 사람도 있지만 부정적인 마인드로 성공한 사람도 있다. 대체로 긍정적인 마인드로 성공한 사람이 좀 더 많을 뿐이다. 부정적인 감정을 역이용해 어려움을 극복하는 경우도 많다. '더러운 세상을 내가 이기고 말리라'는 정신으로 말이다. 우리는 흔히 '돈을 추구하지 말고 돈이 좇아오게 만들라'는 말을 들어왔다. 하지만 이 책은 반대로 이야기한다. '돈을 좇아가라'고! 부자는 오히려 돈을 더 추구한다. 중산층과 달리 돈을 더 갈구하고 추구했기에 부자가 되었다. 이 책은 그런 욕심이 부자로 만들었다고 알려준다.

책에는 다양한 사례가 등장한다. '태양의 서커스'를 만든 장본인과 빌 게이츠의 사례도 소개한다. 내가 이미 알고 있는 사람도 있고, 처음 알게 된 사람도 있다. 이들이 부자가 된 사례와 이야기를 들려주는데 그들은 엄청난 부자다. 나 같은 사람이 추구할 수 있는 경지가 아니다. 그런 점에서 볼 때 우리가 범접할 수 없는 부자보다는 우리와 가까운 부자의 사례가 더 와 닿을 것이다. 이 책에서 알려주는 내용은 엄청난 부자가 되고 싶은 사람에게 해당되지 않을까 싶다.

하지만 이 책에 소개된 방법들이 틀리냐고 묻는다면 '아니다'라고 하겠다. 조목조목 다 맞는 말이다. 부자는 자신의 이익을 위해서는 과감히 결단한다. 자신을 희생하기보다는 냉혹하게 행동한다. 이익이 눈앞에 있다면 사사로운 감정은 벗어버린다. 독한 마음을 먹고 돈을 추구한다는 뜻이다. 과거에 친한 사람이거나 도움을 받았다고 해도 저버릴 수도 있는 것이다. 그렇게 한 후에 그것을 잘만 미화하면 사람들은 긍정적으로 생각한다. 그런 경우가 왕왕 있다. 그것을 알고도 주변 사람은 뭐라고 하지는 않는다.

이 책의 제목은 '상식 밖의 부자들'인데, 이 책에서 소개한 방법들을 상식 밖의 방법이라고 단정할 수는 없다. 부자가 되는 다양한 방법들 중 하나라고 하는 것이 맞을 것이다. 백인백색의 방법이 있다. 부자가 되는 방법은 하나만 있는 것이 아니다. 우리는 맞다고 생각하는 것을 하면 된다. 이 책에는 우리에게 유용한 방법들이 소개되어 있는데, 책에서는 '비즈니스 브릴리언트'라 칭하는 개념이다. 이 방법들이 맞다고 생각되면 실천해 보시라.

학습

자수성가한 백만장자들은 자신이 가장 잘하는 일을 찾고, 그와 관련된 기회를 추구하는 데 더 많은 시간과 노력을 기울인다.

수입 창출

자수성가한 백만장자들은 돈을 벌 수 있는 가능성을 최대화하고 실패할 위험은 최소화할 수 있는 프로젝트에 착수하거나 협상을 진행한다.

지원

자수성가한 백만장자들은 자신이 가장 잘하는 일에서 벗어난 모든 업무에 대해 도움이나 조언을 받을 수 있는 친구와 지인, 동업자들의 네트워크를 핵심적으로 파고든다.

인내

자수성가한 백만장자들은 실패에서 얻을 수 있는 실질적인 교훈을 성공에 이르는 과정에서 반드시 필요한 요소로 받아들인다.

06

자산에서 수익을 창출하는 법,
『부자 아빠 가난한 아빠(20주년 특별 기념판)』

　『부자 아빠 가난한 아빠』가 세상에 나온 지 어느 덧 20년이 지났다. 이번에 읽은 것은 로버트 기요사키의 『부자 아빠 가난한 아빠(20주년 특별 기념판)』이다. 내가 이 책을 처음 읽은 지 거의 20년이 된 듯하다. 처음 읽었을 때는 생소한 개념에 다소 놀랐다. 이 책의 저자는 사람들이 가난한 이유는 돈이 없어서가 아니라 돈을 금기시하며 금융 지식을 멀리하는 사고와 문화 때문이라고 말한다. 이제는 익숙한 개념이 되었지만 당시에는 "부자들은 자산에 초점을 맞춘다. 부자가 아닌 이들은 수입에 초점을 맞춘다"는 말과 자산으로 수입을 늘릴 수 있다는 개념이 너무 생소했다. 생각하지 못한 개념이었다. 지금은 이 개념을 이해하게 되었지만 당시에는 약간 어리둥절했던 듯하다.

사실 이 책에서 말하는 개념은 전혀 새로운 것이 결코 아니다. 이미 시중에 널리 알려진 방법이다. 그럼에도 이 책이 성공한 것은 새롭게 보여주기를 참신하게 했기 때문이다. 이 책은 대차대조표와 손익계산서를 통해 돈의 흐름을 설명했다. 이전의 책들은 그저 자산, 부채, 소득 등으로 구분하고 알려줬다면 실질적인 돈의 흐름을 설명했기에 이 책은 성공한 것이다. 게다가 우화를 통해 이해하기 쉽게 썼다.

막연히 이렇게 하면 부자가 될 수 있다고 한다면 그다지 재미없겠지만 이 책은 직접적으로 부자 아빠와 가난한 아빠를 비교한다. 부자 아빠는 사업을 한다. 가난한 아빠는 월급쟁이인데 공무원이다. 이때부터 독자는 한 대 맞은 느낌이 든다. 교사인데 가난한 아빠라고 이야기를 하니 말이다. 교사라면 중산층이라고 해야 한다. 그런데 가난한 아빠라고 하니 더욱 호기심이 생긴다. 한마디로 햄스터처럼 쳇바퀴를 돌리며 살아가면서 소득이 없으면 먹고살기 힘들기 때문에 가난한 아빠라고 비유한 것이다.

나는 예전부터 부자 아빠 시리즈는 모두 읽었다. 이외에도 저자인 로버트 기요사키의 책은 다 읽었다. 최근에 낸 책만 읽지 않았는데 얼마 전 저자가 고의 부도를 냈다는 사실을 알고서는 언짢았기 때문이다. 다시 생각을 바꾸고 배울 것은 배우기 위해 이번에 다시 읽게 되었다. 그런데 참 신기하고 재미있는 것은 『부자 아빠 가난한 아빠』는

1권만 읽으면 된다. 다른 모든 책은 1권의 내용을 동어반복으로 구성했다. 부자 아빠 시리즈는 똑같은 이야기를 하고 있다.

20주년 기념판으로 만든 이 책에서는 부자 아빠가 진짜로 있다고 언급한다. 아마도 사람들이 허구의 인물이 아닌가 하는 의구심을 가졌기 때문일 것이다. 지금은 이미 고인이 되었을 뿐이라고 한다. 20주년 기념판은 엄청 두꺼워져서 어떤 내용이 추가되었을지 궁금했다. 핵심 요약판을 수록했는데 이로 인해 책가격이 상승했다. 매 챕터마다 그나마 토론할 거리를 던져주지만 거의 요식행위처럼 보인다. 또한 지난 20년 동안의 변화에 대한 해설을 덧붙인 것이 초판과 다른 점이다.

이 책을 다시 읽고 나서 배운 것이 없느냐고 묻는다면 그건 절대로 아니다. 또다시 읽으면서 초심도 다지고 알고 있던 것들을 확고히 다지게 되었다. 부자가 되는 것은 결코 쉽지 않다. 남들이 가지 않는 길을 가야만 한다. 남들이 가는 길을 가면 그다지 이득이 나지 않는다. 내 생각에는 두 가지다. 남들이 가는 길을 함께 가면서 그들에게 무엇인가를 판매하면 된다. 남들이 오기 전에 먼저 자리를 잡고 그들이 몰려올 때 팔고 빠져나오면 된다. 이 두 가지만 제대로 한다면 분명히 수익을 낼 수 있다.

한편 이 책은 사업을 하라고 권한다. 가장 큰 이유는 비용 등의 장점 때문이다. 외국에서는 어차피 부동산투자를 할 때 사업자등록을 해야 하기 때문에 그렇게 하라고 하는 것이 아닌가 싶었는데, 이제 와서 생각해 보니 그것도 옳지만 법인 등을 활용해 자신의 몸을 다소 가볍게 하라는 뜻이기도 하다.

역시나 이 책이 말하는 가장 핵심은 무엇보다 현금 흐름이다. 이 현금 흐름을 소득에 집중하는 것은 바람직하다. 그 소득을 어떻게 창출할 것인가에 대해 고민해야 한다. 이때 소득은 직장을 다니며 받는 소득에 국한된 것은 아니다.

직장을 다니면서 받는 소득은 분명히 모든 것의 밑바탕이다. 처음부터 사업을 해서 소득을 챙겼다면 모를까, 그렇지 않다면 분명히 직장을 다니면서 받는 소득은 크나큰 자산의 원천이다. 근로소득을 활용하지 못하고 가만히 있는 사람은 결국에는 가난한 아빠가 된다고 책은 강조한다. 투자와 사업은 그다지 차이가 크지 않다. 이 책은 사업을 투자처럼 하고, 투자를 사업처럼 하라고 말한다. 이처럼 사업과 투자는 부자가 되는 데 있어 필수불가결한 요소다.

직장생활을 하는 것에 비해 사업과 투자를 하면 우선 세금을 줄일 수 있다. 우리나라에서도 직장인의 경우 세금을 확실하게 줄일 수 있는 방법이 적다. 반면에 사업과 투자는 이를 절세할 수 있는 방법이 많다. 물론 사업과 투자를 하기 위해서는 용기가 있어야 하기에 사람들은 쉽게 시도하지 못한다. 부자가 되려면 자산에서 나오는 소득으로 수입을 갖고 지출해야 한다. 소득이 늘수록 더 부자가 되겠지만 자산에서 나오는 소득이 아니라면 씀씀이만 커질 뿐이다. 자산에서 나오는 소득이 늘어나면 그만큼 여유 있게 쓸 수 있는 바탕이 된다.

확실히 이 책은 이제 고전이 되었다. 이 책은 저자 자신을 큰 부자로 만들어주기도 했지만 한국을 비롯한 전 세계에 꽤 큰 반향을 일으켰다. 사람들에게 생소한 개념을 소개했고, 이로 인해 사람들을 변화시킨 책이다. 호불호가 있고 비판도 상당히 많지만 분명한 것은 이전과 다른 세계를 보여줬고, 부자가 되는 방법에 눈뜨게 한 책이다. 특히나 부동산투자방법에 대해 알려줬는데 외국 책답게 갭투자가 아니라 현금 흐름에 바탕을 둔 임대수익투자를 알려줬다. 이는 외국에서는 전세보다 월세 비중이 크기 때문에 가능한데, 우리나라에서도 월세 비중이 증가하고 있으니, 나중에는 이 방법이 통할지도 모르겠다.

그런데 이 책은 초보자가 읽기에는 그리 쉬운 책은 아니다. 무엇보다 자본주의 사회에서 어떻게 해야 하는지를 상당한 페이지에 걸쳐 설명하기 때문에, 경제학 또는 자본주의 관련 책들을 읽어보지 않는 사람에게는 그다지 쉽게 다가오지 않을지도 모른다. 하지만 이 책은 투자 관련 기본서적이다. 한 번쯤은 읽어야 할 필독서다.

부자가 되는 길은 어렵고 힘든 길이지만 그 길을 가기 위해 노력해야만 한다. 모든 것은 나로부터 시작된다. '내가 변해야 한다'는 지극히 당연한 말이지만 시간이 지나도 이 말은 변함없는 진리로 통할 것이다. 이 책에 소개된 몇몇 사례는 현재 한국에서 적용하기가 쉽지 않다. 중요한 것은 우리가 할 수 있는 것을 하면 된다. 어떻게 해야 할 수 있을지에 초점을 맞추면서 말이다.

07

잘못된 판단에서 벗어나는 법, 『판단의 버릇』

『판단의 버릇』은 저자가 마이클 J. 모부신이고 그의 신간이라서 택했다. 마이클 J. 모부신은 꽤 좋은 내용의 책을 많이 출간한 저자다. 나는 여러 차례 『운과 실력의 성공 방정식』을 소개했는데, 그 책의 저자다. 그 책은 운과 실력에 대한 이야기를 설득력 있게 데이터를 근거로 알려주어서 나에게 좋은 영향을 미쳤다.

그런데 『판단의 버릇』을 읽다보니 상당히 이상했다. 신간이라고 하기에는 오래된 사례들을 이야기하고 있어 한국이 아닌 미국의 출판연도를 살펴보니 2009년이었다.

그래서인지 약간 철 지난 책을 읽는 느낌이 들기도 했다. 책에서 소개하는 다양한 사례뿐만 아니라 경제학자들도 이제는 한국에도 많이 알려졌다. 또 이 책은 번역이 좀 아쉬웠다. 일례로 이 책에서 소개하는 책들은 이미 한국에 번역 출판되었는데도 번역된 책의 제목으로 하지 않고 원서의 제목을 그대로 책제목으로 알려준다. 이를테면 재레드 다이아몬드의 『문명의 붕괴』를 '붕괴(Collapse)'로 번역한 것은 원문에 충실히 번역한 듯한데, 조금만 더 신경 쓰면 좋았을 텐데 말이다.

이런 점을 제외하면 책은 좋다. 단순히 행동경제학에 따른 이야기를 전달하는 것이 아니라 투자와 관련된 다양한 이야기를 하고 있으며, 책 제목처럼 올바른 판단을 하는 데 도움을 준다.

한편 이 책은 이미 뻔히 아는 내용을 알려준다는 비판도 받는다. 다른 책에서 언급한 내용도 소개하기에 그런 비판은 일견 틀린 것은 분명히 아니다.

사실 내가 쓴 책들도 이와 비슷한 비판을 받는다. 어차피 태양 아래 새로운 것은 없다. 자신만의 시선을 갖고 그것을 어떻게 전달하느냐가 중요하다. 뿐만 아니라 책을 읽는 이유에 대해 고려해야 한다. 나는 책을 읽을 때 단 5~10%만 새롭게 얻는 것이 있으면 된다고 생각한다. 나는 수천 권의 책을 읽었는데, 중복되는 사례가 많고 여기저기서 반복된다. 그렇다고 책이 안 좋은 것은 아니다. 그 책에서도 얻을 것이 있다. 그것이 바로 책을 읽는 이유다.

책을 읽는 이유는 내가 갖고 있는 생각을 더 고정하고 편견에 사로

잡히기 위해서가 아니다. 생각을 확장하고 반대 이야기도 듣기 위해서다. 수많은 책을 읽어도 발전이 없고 편견에 사로잡히는 이유는 자신이 읽고 싶은 책만 취사선택해 특정 사고를 더욱 공고히 하기 때문이다. 그렇게 책을 읽는 사람이 꽤 있다. 자신과 반대되는 사고와 시선을 갖고 있는 책도 읽어가며 늘 다양한 측면을 고려해야 하는데 그렇지 않은 것이다. 그런 책을 읽고 오히려 자신의 생각과 다르다고 비아냥거리고 저주를 퍼붓는다.

이러한 문제점을 날카롭게 꼬집으며 장황하게 설명한 책이 바로 이 책 『판단의 버릇』이다. 우리는 많은 판단을 한다. 주체적으로 스스로 확신을 갖고 결정한다. 흔들림 없이 맞다고 믿는다. 성공한 사람들의 이야기를 듣고 그들이 내린 결정과 조언을 받아들인다. 하지만 절대로 맞지는 않다. 우리는 의지와 상관없이 판단을 내리는 경우가 많다. 자신이 충분히 고민하고 조사하며 분석하고 내리는 확고한 판단이라고 여기지만 실제로는 자신도 모르게 상황과 분위기에 몰려 판단하는 경우가 많다.

이 책은 우리가 잘못된 판단을 내리는 다양한 상황을 설명한다. 그에 대해서는 이 책의 목차만 봐도 알 수 있다. 외부 관점은 무시하고 내부 관점에서만 집착하는 버릇, 그럴듯해 보이는 것에 만족한 채 다른 대안들을 보지 않는 버릇, 명백한 통계학적 증거보다 전문가의 말을 더 믿으려는 버릇, 주변 사람들과 상황에 휩쓸리면서도 그것을 인지하지 못하는 버릇, 시스템의 역할은 못 보고 개인의 능력에만 의지하려는 버릇, 상황이 달라졌는데도 예전 성공 법칙을 고수하려는 버릇, 치명적 결과를 몰고 올 사소한 변화를 눈치 채지 못하는 버릇, 평균으로 돌아갈 것을 모른 채 한때의 좋은 성과가 영원할 거라고 믿는 버릇….

이 책의 목차만 보고 어떤 내용이 담겨 있는지를 이해했다면 이쪽 분야의 책을 많이 읽었다는 뜻이다. 그렇지 않다면 이쪽 분야에 아직 입문하지 못했다는 뜻이다. 우리는 자신도 모르게 멍청한 판단을 내릴 때가 많다. 자신이 똑똑하고 대단하며 세상의 중심이라고 여기겠지만 그저 티도 나지 않는다. 이 책은 잘못된 판단을 무엇 때문에 내리게 되는지를 알려준다. 그것도 나보다 훨씬 더 똑똑하고 대단할 뿐만 아니라 사회적으로 명망 있는 사람들의 사례를 통해 알려준다. 주변에 성공한 사람이 왜 적은지 궁금한가? 상황이 달라졌는데도 예전의 성공 법칙을 고수했기 때문이다. 열심히 전문가의 말을 믿는데 왜 잘 안 될까? 내가 내리는 판단에 문제가 있기 때문이다. 각 개인이 내리는 판단에 따른 결과가 더 중요한 영향을 미친다. 내가 한 행동이 바로 핵심이라는 것을 깨닫지 못하면 계속 전문가의 말만 믿고 실패한다. 그렇기에 최근 빅데이터가 주목받고 있다. 다수의 대중에게 나타나는 행동의 결과를 통해 사실을 알 수 있게 해주니 말이다. 이와 비슷한 책을 이미 읽었으니 안 읽어도 된다고 생각하면 오산이다. 이미 알고 있다는 자기우월감에 빠지는 순간 더 이상 변화하지도 발전하지도 못한다. 어쩌면 이 책을 읽고 나서도 책에서 지적한 행동을 또다시 할지도 모른다. 여전히 잘못된 것을 알면서도 행동할 수도 있다. 나만 그런 것이 아니라 이 책의 저자도 그럴 수 있다. 그렇다면 읽거나 읽지 않거나 똑같으니, 읽지 않아도 될까?

그렇기에 더 읽어야 한다. 반복해서 읽으면 언젠가는 경각심을 갖게 되지 않을까? 그렇기에 알아도 알아도 또 읽고 읽어야 한다.

08

좋은 습관을 기르는 법,
『습관의 힘』

우리는 수많은 것들을 매일같이 한다. 행동을 할 때 의식하며 하는 경우가 매우 드물다. 대부분 무의식적으로 한다. 예를 들어 숟가락이나 젓가락으로 음식을 집을 때 아무 생각을 하지 않을 수도 있다. 밥을 먹으면서도 신나게 떠들고 딴생각을 할 수도 있다. fMRI로 뇌를 관찰하면 어떨까? 사람은 자신에게 익숙한 것에는 뇌가 움직이지 않지만 그렇지 않을 때는 활발하게 움직인다.

그 이유는 바로 습관 때문이다. 우리가 하는 거의 모든 행동은 습관에서 비롯된다. 운동선수들은 최고의 운동 능력을 발휘하기 위해 습관적으로 하는 동작이 있다. 이를 루틴(routine)이라고 하는데, 예를 들어 어떤 체조 선수는 경기 3시간 전부터 운동장을 꼭 15바퀴 뛰고 체조를 한다. 찰스 두히그의 『습관의 힘』은 바로 그런 습관에 대해 알려주는 책이다. 습관은 좋은 습관과 나쁜 습관이 있다. 곰곰이 생각해보면 좋은 습관과 나쁜 습관은 주변 사람들의 판단에서 비롯된 것이기도 하다. 어떤 습관은 사람들이 볼 때 좋은 것이다. 그런 습관을 할 때 사람들은 칭찬한다. 그렇지 않은 습관은 고쳐야 한다고 지적한다.

이런 습관이 있는 사람은 자신을 변화시켜야 한다. 이런 습관의 위험성에 대해 이 책은 다음과 같은 사례로 알려준다. 어떤 사람이 뇌가 손상되었다. 그는 거의 모든 것을 기억하지 못한다. 5분 전에 했던 행동도 기억하지 못한다. 신기하게도 기억하지 못하는데도 산책을 한다. 어느 날 그가 집에서 사라졌다. 주위 사람들이 그를 찾으려고 난리를 쳤고 근처를 전부 돌아다녔는데도 찾지 못했다. 그토록 찾았는데 그가 다시 집에 돌아와 TV를 보는 것을 발견했다. 기억하지 못하는 사람이 어떻게 집에 돌아온 것일까?

그는 자신의 집도 기억하지 못한다. 밖에 나갔을 때도 여기가 어딘지도 모른다. 그럼에도 습관에 따라 자신도 모르게 발걸음을 옮겨 집으로 왔다. 이처럼 우리는 누구나 자신만의 습관이 있다. 예를 들어 출근할 때 횡단보도를 주로 건너는 곳이 있다. 전철을 탈 때도 주로 타는 칸이 있다. 처음에는 낯설어하며 이리저리 두리번거리면서 헤맨다. 며칠 동안 계속 출퇴근을 하며 자신만이 돌아다니는 길을 찾고 자기도 모르게 걷게 된다. 심지어 다른 생각을 하며 멍하니 걸을 때도 그렇다.

나는 가끔 멍하니 걷다가 깜짝 놀랄 때가 있다. 나도 모르게 제대로 걷고 있기 때문이다. 실제로 술 취한 사람이 신기하게도 집에 잘도 찾아온다고 한다. 이런 일들이 생기는 것은 전부 습관의 힘 때문이다. 습관은 이토록 무섭다. 몸이 반응한다. 아무리 생각하지 않으려고 해도 나도 모르게 저절로 반응하고 움직인다. 이것은 내 몸에 형성된 습관 때문이다. 이렇게 습관은 우리 삶을 지배한다. 좋은 습관이 중요한 이유다. 좋은 습관을 많이 갖고 있다면 저절로 좋은 삶을 살게 된다.

좋은 습관을 만들기 위해서는 초기에 의식적인 행동을 해야 한다. 습관이 형성되어 있지 않으면 나도 모르게 평소에 하던 대로 한다. 습관을 고치기 힘든 이유다. 늘 하던 패턴이 있는데 그것을 갑자기 변경한다는 것은 말도 안 된다. 다만 한 번 습관이 형성되면 의식하지 않아도 알아서 내 몸이 반응하고 나도 모르게 움직인다. 내가 아무것도 신경을 쓰지 않아도 어떤 행동을 하고 있다면 습관이 형성된 것이다.

그럼에도 우리 몸에 남아 있는 나쁜 습관은 언제나 우리를 호시탐탐 노리고 있다. 금세 예전으로 돌아가는 이유이기도 하다. 이를 피하기 위해서는 특정 신호에 내가 반응하게 만들어야 한다. 신호가 온다면 그 다음부터는 반복 행동을 한다. 부단한 연습이 필요하다. 특정 신호가 왔을 때면 나도 모르게 반복 행동을 하도록 연습한다. 솔직히 이렇게 할 때 처음에는 각오를 다지고 열심히 하지만 금세 지겨워하고 지친다. 제대로 하지 못하는 이유다. 그러므로 보상을 해줘야 한다. 자신에게 잘했다는 칭찬과 같은 보상을 해줘야 나도 모르게 또 하고 싶어진다.

보상은 인간을 움직이게 만든다. 보상을 받기 위해 움직인다. 이런 패턴이 반복되고 지속되면서 습관으로 형성되어 정착된다. 생각 없이 나도 모르게 할 때 비로소 습관이 된다. 이렇게 해도 어느 순간 나도 모르게 또다시 예전의 나쁜 습관으로 되돌아갈 수도 있다. 이를 방지하기 위해 믿음이 필요하다. 보상까지 받아도 믿지 않는다면 완전히 내 것으로 체화되어 다른 삶을 살아가지 못한다. 간절히 바라는 열망을 갖는다면 좋을 것이다.

보상을 바라는 열망이 강렬할수록 더욱 쉽게 변할 수 있다. 보상을 받으니 습관이 되었다고 생각하지만 아주 작은 빈틈에도 추풍낙엽처럼 무너진다. 마지막 단계에서 자신이 이제는 확실하게 한다는 믿음까지 가져야 비로소 습관이 된다. 이를 위해 계획을 세우는 것이 좋다. 예를 들어 다이어트를 위해 가장 좋은 방법은 하루나 며칠 동안 자신이 먹은 모든 것을 적는 것이다. 얼마나 많이 먹었는지도 알게 되겠지만 먹기 전에 어떤 상황이었는지도 중요하게 깨닫게 된다.

많이 먹는 이유에 대해 단계별로 알게 된다. 이런 패턴을 인지하게 되면 그 다음에는 이를 피하기 위한 신호를 만들고 반복 행동을 하면 된다. 이에 따른 보상을 받게 된다면 더할 나위 없이 좋다. 책은 초반에는 이렇게 개인에게 집중하는데 그 다음부터 기업과 사회까지 습관의 영향력에 대해 설명한다. 습관은 우리를 변화시키고 삶을 새롭게 만들며 인생까지 달라지게 만든다. 이왕이면 좋은 습관을 만들도록 반복 행동을 하고 그에 따른 보상을 받아 변하도록 노력해야겠다.

09

부자가 되는 시스템 만들기,
『더 시스템』

솔직히 스콧 애덤스의 『더 시스템』이 유명한지 전혀 몰랐다. 원래는 『열정은 쓰레기다』라는 제목으로 출간되었는데 별로 인기가 없었다. 저자의 인지도를 고려하면 충분히 사람들에게 선택받을 만했는데 말이다. 저자인 스콧 애덤스는 '딜버트(Dilbert)'의 작가로 유명하다. 딜버트는 지난 30여 년간 미국에서 가장 유명하고 널리 읽힌 연재만화 중 하나인데, 평범한 회사원인 딜버트의 험난한 회사 생활을 시니컬한 유머를 녹여 풀어냈다. 이 연재만화는 전 세계 직장인들의 공감을 얻었고, 65개국 2,000여 신문에 실렸다.

『열정은 쓰레기다』는 큰 반향을 일으키지 못하고 조용히 사라졌는데 뜻하지 않게 유명해졌다. 팀 페리스의 베스트셀러인 『타이탄의 도구들』에서 이 책을 언급했기 때문이다. 그리고 국내에서 '자청'이라는 유튜버가 "이 책이 시중에 없어서 중고 책이 무려 5배에 거래되었다"고 하자 더욱 유명해지게 되었다. 그래서 '더 시스템'이라는 제목으로 다시 출간되었다.

나는 이 책의 원래 제목인 '열정은 쓰레기다'가 더 마음에 든다. 나는 쓰레기라고까지 생각하지는 않지만 사람들의 과도한 열정(?)에 대해서는 부정적인 입장이다. 열정은 좋은 것이지만 그것이 지나치면 남을 이용하기도 쉽고, 금방 지쳐 버릴 가능성도 크다. 아무리 열정을 갖고 해도 안 되는 것은 안 되는 경우가 많다.

이 책은 목표에 대해서도 이야기한다. 그런데 목표를 갖지 말라고 한다. 목표를 갖는다고 실현되는 것은 아니다. 목표를 갖고 노력해도 안 되는 것이 더 많다. 더구나 목표를 달성하더라도 그게 끝이 아니다. 더 높은 목표를 향해 달려가야 한다. 그보다는 시스템을 만들어야 한다. 이 책은 "시스템을 만드는 것을 목표로 하면 된다"는 농담도 건넨다. 그렇다면 시스템과 목표는 무엇이 다를까? 이 책은 이렇게 설명을 한다. 10킬로그램을 감량하는 다이어트는 목표다. 살을 빼기 위해 노력하면 된다. 문제는 그렇게 목표가 달성되어도 또다시 원래대로 된다.

목표는 그 당시에 실현되지만 또다시 원래대로 돌아가는 경우가

부의 공부법

많다. 그보다는 매일같이 식단을 조절해야 한다. 이런 시스템을 만든다면 저절로 살이 빠지게 된다. 하루에 먹는 양 자체를 3분의 2로 줄이면 이는 시스템이다. 한 번 시스템을 만들면 계속 그렇게 하면 된다. 자연스럽게 이를 통해 살도 빼고 건강도 회복할 수 있다. 목표보다는 시스템을 만들도록 노력해야 하는 이유다.

목표를 달성하기 위해 노력했지만 시간이 지나도 달라지지 않는 경우가 있다. 목표를 달성하기 위해 노력한 끝에 실현되어도 그때뿐인 경우가 많다. 자연스럽게 그보다 높은 목표를 정하지 않는다면 오히려 퇴보하는 경우도 많다. 꾸준히 더 높은 목표를 정하고 달려가지 않으면 안 된다. 그렇게 하면 쳇바퀴 굴리듯이 반복하게 된다. 처음에는 목표달성에 따른 쾌감이 느껴져도 점차적으로 무감각해진다. 또다시 노력하지 않고 있는 것 같다는 실망과 스스로에 대한 자괴감이 들면서 또 다른 것을 추구하게 된다. 더 큰 목표가 생기는 것이다.

그러면 시스템을 구축하기 위해 노력한다. 목표를 달성하면 또 다른 목표를 세워야 하지만 시스템은 한 번 만들어 놓으면 계속하는 것이다. 이를 통해 저절로 성과가 개선되고 더 높은 경지에 이를 수 있다. 반복이 이어지면 위대해진다. 이것은 시간이 지났을 때만 알 수 있는 오묘한 법칙이다. 이런 시스템을 만들기 위해서는 시행착오를 거칠 수밖에 없다. 거의 대부분 실패의 연속이라 할 수 있다. 시스템을 만드는 과정에서 다양한 시도를 할 수밖에 없다.

이 책의 초반에는 거의 대부분 실패담을 이야기하고 있는데, 그 점이 재미있다. 성공에 대한 이야기는 전혀 없다. 계속 실패한 이야기만 나온다. 저자는 회사에서 해고당했는데 그마저도 되돌아보니 성공이라 할 만하다. 은행에서도 창구 업무에 적응하지 못했고 밑져야 본전이라고 생각해 본사 상사에게 부탁해 다른 업무를 보게 되었다. 그럴 때마다 신기하게도 더 많은 연봉을 받고 더 좋은 직책을 맡게 되었다. 분명히 실패 이야기인데 묘하게 성공 이야기로 읽힌다.

그 외에도 엄청나게 다양한 실패담을 이야기한다. 본업을 하면서도 다양한 사업도 한다. 레스토랑도 운영했는데 좀 더 확장을 하다 망했다. 이런 사연들이 계속 펼쳐지지만 그는 실패를 더 좋은 시스템을 만드는 과정으로 받아들인다. 저자도 그렇지만 나 역시 필요 없는 경험은 없다고 본다. 당시에는 뼈아픈 일이겠지만 시간이 지나서 다른 일을 할 때면 충분히 보탬이 되고 무언가를 할 수 있는 바탕이 된다. 그것만으로도 충분히 실패해 볼만 하다.

이 책은 열정에 대해 색다른 이야기를 한다. 흔히 사람들은 열정을 갖고 했기에 성공했다고 생각한다. 하지만 그렇지 않다. 성공했기에 열정을 갖고 하게 된다. 성공하니 즐겁고 재미있으니 더 열정적으로 하게 된다. 그보다는 꾸준히 반복적으로 계속하는 것이 더 중요하다. 사람들은 이것이 성공의 비밀인데도 잘 모른다. 열정은 일시적인 감정일 뿐 오래도록 할 수 있는 루틴은 아니다. 이런 문제를 피하기 위해 저자는 긍정의 힘을 무척 강조하기도 한다.

물론 긍정하며 상상한다고 달라지지 않을 수도 있다. 하지만 저자는 긍정의 힘으로 생각했을 때는 성공했지만 그렇지 않을 때는 좋지 못했다. 대체로 새로운 일을 할 때는 긍정의 힘을 이용해 성공했다. '딜버트'를 연재할 때는 긍정의 힘을 이용했지만 이를 바탕으로 만든 드라마에는 그것을 활용하지 않았다. 드라마는 원작만화보다 성공하지 못했다.

이왕이면 해보는 것이 더 좋다. 책 후반에는 식단과 건강에 대해서도 설명하는데 여러 자기계발서와 성공한 사람들이 이에 대해 이야기한 바 있다. 여하튼, 시스템을 만들도록 노력하라는 것이 이 책이 담고 있는 핵심이다.

10

부자의 스타일,
『부는 운명이 아니라 스타일이다』

보통 투자와 관련된 책은 미국인 아니면 한국인이 쓴 책을 읽었다. 안타깝게도 가장 수준이 높고 읽을 만한 책은 한국인이 아니라 미국인이 쓴 책이다. 미국은 워낙 투자의 역사가 길고, 대부분의 책들이 미국에서 성공한 책을 한국에서 번역한 것이라 읽을 만한 책이 많다. 미국에도 한국처럼 내용이 부실한 책이 있겠지만 그런 책이 번역되는 경우는 희박하다. 반면 한국은 아직까지 투자와 관련된 책들의 수준이 낮은 것이 사실이다.

한국에서는 빠른 시기에 돈을 벌 수 있는 방법을 알려준다는 책이 인기를 끄는 경우가 많다. 상대적으로 투자의 역사가 짧으니 제대로 검증되지 못한 경우가 많아 그런 듯하다. 갈수록 한국도 투자할 수 있는 환경이 녹록치 않으니 책들도 거기에 맞춰 수준을 높여야 하지 않을까 싶다. 여전히 말도 안 되는 책이 버젓이 베스트셀러로 인기를 끄는 경우가 있다. 한마디로 일반 대중을 현혹시키는 데 성공하는 책이 많다.

투자자 입장에서는 선진국에 비해 한국에서 투자하는 것이 좀 더 유리하다. 사회기반시설이나 복지가 잘되어 있어 그럴 수도 있지만 그런 이유가 더 크다. 미국 등 선진국에서는 투자를 하는 것이 쉽지 않고 아예 원천차단되는 경우가 많다. 이것은 사회가 발달할수록 더욱 심해진다. 아직까지 한국에서 투자하는 것이 상대적으로 유리하지만 갈수록 방법이 어려워지고 투명해지고 국가의 개입도 늘어나고 있다.

일본의 경우 국민 대부분이 투자보다는 적금 등과 같은 안전자산에 치우쳐 있어 배울 만한 책이 드물다. 오히려 투자에 대해 부정적으로 바라보면서 엉뚱한 소리를 하는 경우가 더 많다. 모든 사람은 자신이 속한 사회의 영향을 받을 수밖에 없으니 어쩔 수 없다. 중국의 경우 환경적으로 가장 기회가 많지만 지금까지는 수준이 낮은 책이 대부분이다.

디샹의 『부는 운명이 아니라 스타일이다』는 대만 책이다. 대만도 한국과 비슷한 경로를 걸어왔지만 투자에 관해서는 한국보다 자유로운 편이다. 부동산가격만 놓고 보더라도 한국과는 비교도 안 되게 상승과 하락을 반복했다. 한때 아시아의 4마리 용 중 하나일 정도였고 한국과 여러 부문에서 경쟁했던 국가기도 하다. 지난 10년 동안 경제 성장률이 거의 제자리걸음을 답보하며 소득도 늘지 않아서 힘든 시기를 보내고 있다.

이 책은 엄청나게 대단한 내용을 담고 있는 것은 분명히 아니다. 비슷한 책을 많이 읽은 사람이라면 가볍게 읽을 수 있다. 반면에 이런 종류의 책을 그다지 읽지 않은 사람에게는 참신하게 다가올 수도 있다. 또 읽다보면 모순된 이야기도 있다. 하지만 내가 보기엔 그럴 수밖에 없다. 투자란 카멜레온처럼 계속 변한다. 원칙은 있되 언제나 상황에 따라 변하게 마련이다. 그렇기에 서로 모순되게 느껴지기도 한다. 어느 때는 A를 하고 B는 하지 말라고 한다. 분명히 그렇게 이야기하고는 또다시 A를 하지 말고 B를 하라고 한다.

상황에 따라 다른 결정을 해야 하는 것이 투자다. 이 책은 특정 지역이 좋다고 해놓고 시간이 지나면 이제 그 지역은 투자처로 좋지 않다고 한다. 이것은 결코 변덕이 아니다. 상황이 변화하니 그에 맞게 투자자가 달리 대처해야 하는 것이다. 이런 내용이 책에는 많다. 나는 이것을 모순으로 바라보기보다는 실제로 투자한 사람이 다양한 상황에 맞게 한 것으로 받아들인다.

책에는 이런 말이 있다.

"가난한 사람은 지폐를 좋아한다."

사실 지폐는 누구나 좋아한다. 그런데 가난한 사람은 지폐를 좋아한다고 말한다. 한마디로 지폐를 좋아하면 안 되고 지폐 만드는 기계를 좋아해야 한다. 한마디로 가난한 사람은 눈앞에 있는 것만 추구한다. 그보다는 지폐를 만드는 기계, 즉 시스템을 만들어야 한다.

이 책에는 얼핏 보면 받아들이기 어려운 말도 나오는데, 넓게 보면 옳은 말이다. 돈을 아끼려 하지 말고 더 벌기 위해 노력하라고 한다. 가계부를 쓰는 것보다는 돈이 어떤 식으로 흘러가는지를 따져보는 것이 더 중요하다. 특히 고가품이나 명품 등을 사는 것에 대해 부자의 생각을 따라하라고 한다. 가난한 사람과 달리 부자는 이런 것들을 소비하며 부자의 라이프 스타일을 파악한다. 부자처럼 생각하고 행동하는 것이 중요하다. 그래야 더 큰 부를 획득하게 된다. 생각의 틀이 커지면 그에 맞는 행동이 따르게 될 것이다.

책 제목에 '스타일'을 쓴 것도 그런 이유다. 부자의 생각과 행동을 알고 따라야 한다. 아끼는 것은 분명히 중요하지만 책에서는 그보다는 스타일이 멋진 사람들을 따라하다 보면 나도 스타일이 좋아진다고 말한다. 이처럼 부자의 사고를 알고 그들의 행동인 스타일을 따라하는 것이 중요하다. 무엇보다 대만인이 쓴 책이라 한국과는 다른 접근방법도 신선했다.

11

손실을 줄이는 법, 『행운에 속지 마라』

나심 니콜라스 탈레브는 『블랙 스완』으로 유명해졌다. 금융위기 직전까지 세계경제는 더할 나위 없을 만큼 좋았다. 골디락스 (goldilocks, 경제가 높은 성장을 이루고 있더라도 물가상승이 없는 상태)라고 일컬을 만큼 모든 것이 좋았다. 경제는 해마다 성장하고 쓸 돈은 넘쳤다. 금융위기에 대해 경계의 목소리를 내는 사람도 있었지만 당시엔 소음처럼 들렸다. 이럴 때 '블랙 스완(Black Swan)'을 외친 저자는 완전히 인기인이 되었다. 모든 사람이 백조는 검은색이 없다고 생각했는데, 그는 검은 백조가 있다고 말했다.

검은 백조가 딱 1마리만 나타나도 사람들의 믿음은 깨지고 만다.

그런 일이 일어나지 않을 거라고 생각할지 몰라도 실제로 검은 백조는 있다. 이처럼 일어나지 않을 것만 같은 일이 실제로 자주 일어난다. 노력으로 되는 영역이 있고 운이 좌우하는 영역이 있다. 노력이 중요하긴 하지만 투자에서는 노력보다 운이 훨씬 더 큰 비중을 차지한다. 이 책은 치과의사는 노력이 요구되는 영역이라고 한다. 치과의사는 노력으로 평생 먹고살 수 있다.

노력하면 더 좋은 기술을 갖게 되어 환자를 돌보고 수입을 얻는다. 이 경우에는 운이 결부될 여지가 적다. 반면에 사업과 투자는 운이 많이 결부된다. 이 사실을 성공한 사람은 인정하지 않는다. 성공은 전적으로 자신의 능력과 노력에 따른 결과라고 여기며 자부심을 갖는다. 여기서 중요한 것은 기간과 범위와 횟수다. 대부분의 사업과 투자는 그것들을 거쳐야 성공한다고 믿는다. 하지만 사업과 투자에는 운이 많이 작용하기에 짧은 시간에도 수익을 내서 큰돈을 벌 수도 있다.

다른 사람보다 훨씬 더 오래 살아남고 성공을 유지한다면 그는 분명 능력자다. 이런 사람은 극히 드물다. 오래도록 살아남은 사람들의 대부분은 더 벌기 위해 노력하기보다는 잃지 않기 위해 노력한다. 단기간에 큰돈을 번 사람들은 무모하다 싶을 정도로 과감하다. 이로 인해 큰 수익을 얻을 수 있다.

큰돈을 번 뒤에 과감히 은퇴하는 경우는 드물다. 오히려 자신감을 갖고 더 적극적으로 투자한다. 갈수록 투입되는 돈의 양도 더 늘어난다. 책에 소개된 사례 중 네로와 존의 이야기가 있다. 네로는 엄청난 수익을 내고 승승장구한다. 존도 남들 눈에는 성공한 사람이지만 네로에 비하면 조족지혈이다. 이런 점 때문에 존은 네로를 만나면 다소 의기소침해진다. 그가 버는 돈은 상위 0.1％에 해당하지만 네로는 그 이상의 돈을 버니 그렇다. 존은 안정적으로 포트폴리오를 짜고 수익을 낸다. 큰 수익은 못 내도 손실도 적다.

어느 날 네로는 초췌한 얼굴을 보인다. 승승장구하던 그가 세팅했던 모든 포지션이 마이너스를 기록한다. 따로 리스크 관리를 하지 않았기에 그가 낸 손실은 회복하기 힘들 정도다. 더구나 회사의 돈까지 잘못 투자했기에 회사에서 짤린 것은 물론이고 본인의 돈까지 날렸다. 그래도 그에게는 자신의 돈 100만 달러는 남았다. 평범한 사람에게 100만 달러는 엄청난 돈이지만 네로는 거의 모든 것을 날린 셈이니, 세상이 무너진 것과 마찬가지다. 존은 여전히 비슷하게 돈을 운용하고 있다.

많은 사람들이 운을 무시한다. 운은 절대적인 것일 수는 없어도 무시할 수 없는 요소다. 수많은 사람들이 우리 앞에 승자로 나타난다. 특히나 상승기에는 그런 사람이 유독 많다. 꽤 많은 시간이 지난 후에 그렇게 큰 수익을 낸 사람이 여전히 존재하는 경우가 드물다. 성공했다며 사람들 앞에서 자랑하던 승자들은 보이지 않는다. 상승기가 끝나고 하락기가 왔을 때 대부분 사라지고 만다.

부의 공부법

진정한 승자는 상승기가 아니라 하락기에 살아남는 사람들이다. 비록 적은 수익을 낼 지라도 이들이 훨씬 더 즐겁고 재미있는 삶을 살아갈 뿐만 아니라 여유롭게 살아간다. 『행운에 속지 마라』의 저자 나심 니콜라스 탈레브는 그 점을 지속적으로 이야기한다. 재미있게도 책의 저자 역시 꽤 큰 성공을 거둔 사람이라서 그런지 책의 논조나 내용이 꽤 건방지게 느껴진다. 본인이 잘났다고 하니 말이다. 칼 포퍼 (Karl Raimund Popper, 20세기 투자의 귀재, 조지 소로스는 자신의 투자전략은 스승인 칼 포터의 가르침에서 나온 것이라고 말했다.) 정도만 칭찬하고, 워런 버핏도 그다지 칭찬하지 않는다.

이 책을 읽으면 철학에 대한 저자의 조예를 엿볼 수 있다. 게다가 문화에 대한 성찰도 있고 투자 수익도 상당히 많이 냈다. 이러다보니 그는 다른 투자자들을 무식하다고 깔보며, 철학자들이 고리타분하고 현실과 괴리되어 있다는 식으로 매도하기도 한다. 책도 그다지 친절하게 쓰지는 않았다. 그나마 다행이라면 저자가 쓴 책 중에 이 책이 가장 무난하고 읽기 쉽다. 그럼에도 초보자들에게는 다소 난해하게 읽힐 수도 있다.

사업을 하든 투자를 하든 시장 앞에서는 항상 겸손해야 한다. 일시적으로 시장을 이길 때가 있다. 그건 운 덕분이다. 짧은 기간 동안 얼마든지 능력과 실력과 하등 상관없이 수익을 낼 수 있다. 그것을 능력 또는 실력으로 착각하면 안 된다. 시장은 항상 살아 움직이므로 투자를 하려면 언제나 남들보다 재빠르게 움직여야 한다. 내일 주가가 오를 것 같다고 생각되어도 오히려 당일에 주가를 매도하는 결단이 필요할 수도 있다. 이런 유연성이 없다면 투자자는 시장에서 살아남기 힘들다.

책이 출간된 지 꽤 되었지만 이제는 비슷한 개념이 다른 책에서도 꽤 많이 나온다. 그나저나 투자에서 성공은 언제나 살아남는 사람들의 몫이다. 사업이나 투자나 그런 점에서 참 힘들고 어렵다. 그럼에도 매력적이니 사람들은 투자한다. 나도 그렇고.

12

인생을 바꾸는 변화,
『트리거』

'트리거(trigger)'는 '방아쇠' 또는 '기폭제'라는 뜻이다. 방아쇠가 당겨진 후 총알이 나오면 되돌릴 수 없다. 그것을 막는 것은 불가능하다. 사람은 쉽게 변하지 않는다. 사람이 갖고 있는 천성은 그다지 변하기 쉬운 성질이 아니다.

그런데 시종일관 동일한 사람은 없다. 일생을 살면서도 사람은 조금씩 변하게 마련이다. 1년 전의 나와 지금의 나는 다른 사람이다. 똑같은 사람일 수는 없다. 물이 흘러가면 다시는 같은 물이 될 수 없는 것과 마찬가지다.

하지만 흐르는 물이 다를 뿐 물속에 있는 바위 등은 그대로다. 이처럼 인간의 천성 자체는 쉽게 변하지 않는다. 천성이라는 표현을 쓰는 이유가 분명히 있다. 나는 대부분의 사람들이 천성적으로 게으르다고 생각한다. 그렇지 않은 사람은 천성이 아니라 후천적으로 노력해 달라진 것이다. 쉬지 않고 움직이는 것도 천성일 수 있겠지만 그보다는 후천적으로 만든 노력의 결과로 달라졌다고 본다. 성공한 사람들의 대부분은 자신의 한계를 스스로 극복하기 위해 노력한다.

'변하고 싶다'고 아무리 마음속으로 외쳐도 사람은 쉽게 변하지 않는다. 나는 항상 '환경이 중요하다'고 생각하는데, 마셜 골드스미스와 마크 라이터의 『트리거』는 바로 그 환경을 강조하는 책이다. 아무리 강력한 의지를 갖고 있어도 주변 환경이 받쳐주지 못하면 사람은 변하기 힘들다. 엄청난 의지로 주변 환경을 굴복시키는 사람이 있다. 이들은 남들의 존경을 받는다. 도대체 어떻게 저런 정신력으로 살아가는지 놀라울 따름이다. 매우 드물게 이런 사람이 있지만 대부분 의지박약이다.

작심삼일이라는 말이 괜히 있는 것이 아니다. 독한 마음을 먹고 시작해도 얼마 가지 못해 원래대로 돌아간다. 이것은 결코 의지가 없기 때문이 아니다. 환경이 문제인 것이다. 나 자신을 변화시키기 위해 독한 마음을 먹는 것보다는 환경을 변화시켜 자연스럽게 환경에 적응하는 것이 훨씬 더 쉽다. 각고의 노력도 필요 없이 시간이 지나면서 변화된 나 자신을 발견할 수 있다. 결코 좌절하거나 실망할 필요가 없

부의 공부법

다. 내 의지박약이 문제가 아니라 주변 환경이 받쳐주지 못한 것이니 말이다.

저자는 트리거라는 상당히 매끈한 단어를 우리에게 제시한다. 이 책은 동기부여의 중요성을 일깨우는 전형적인 자기계발 책이지만 동기부여의 도구를 어떻게 새롭게 보여주느냐가 관건이다. 그런 면에서 트리거라는 도구로 사람들에게 행동 변화를 촉구한 것은 훌륭해 보인다. 우리에게 이미 익숙한 방법인 환경 변화를 트리거로 대치하니 새롭다. 늘 주변 환경이 중요하다. 내 탓을 하지 말고 주변 환경을 변화시키는 것만으로도 성공 가능성은 엄청나게 늘어난다. 자책할 시간에 환경 변화를 고민하는 것이 훨씬 더 생산적이다. 이 책이 말하는 것처럼 단순히 트리거가 생겼다고 인생이 달라지지 않는다. 그 이후에도 다양한 필요조건이 있다. 어떤 충격으로 사람이 변해도 얼마 가지 못한다. 그래서 나는 늘 "천천히 꾸준히"를 외친다. 갑작스러운 행동의 변화는 당장은 눈에 띄게 되므로 대단해 보일지는 몰라도 지속성이 없다. 의외로 화려하고 거창하게 변화를 외치지만 시간이 지난 후에 조용히 사라지는 사람이 많다. 오히려 강한 사람들은 조용하고 묵묵하게 자신이 해야 할 것을 해나간다.

책에는 이런 내용도 있다. 한 뱃사공이 노를 저으며 강을 건너고 있었다. 갑자기 반대편에서 배가 무서운 속도로 자신의 배로 돌진하고 있었다. 뱃사공은 상대편 배를 향해 다른 쪽으로 가라고 외친다. 점점 배는 가까워지고 뱃사공은 더욱 큰 소리로 이대로라면 배가 서로 부딪쳐 난파된다고 고래고래 외치지만 상대방 뱃사공은 듣는지 마는지 속도가 줄어들지 않는다. 결국 두 배는 부딪치고 상대방 뱃사공에게 항의하려는 순간에 상대방 배가 사공이 없는 텅 빈 배라는 것을 깨닫는다.

빈 배가 물살에 이끌려 자신의 배로 돌진한 것인데 이를 몰랐던 것이다. 이처럼 우리는 자신이 피해야 할 순간에 피하지 않고 상대방에게 떠넘기려 한다. 내 잘못이 아니라 상대방 때문에 이런 일이 벌어졌다고 위안을 삼으며 자신의 잘못을 인정하지 않는다. 소리를 지를 시간에 피하기 위한 노력을 했어야 했다. 사건이 터진 후 자신이 아닌 상대방 때문이라고 탓하면 마음은 편할지도 모른다. 내가 아닌 상대방에게서 답을 찾는 것은 언제나 편하지만 발전이 없다. 각자 자신만의 트리거를 통해 인생을 변화시켜야 한다. 이와 관련해 내가 이야기하고 싶은 것이 있다. 트리거보다 중요한 것은 지속성이다. 아무리 트리거가 생기더라도 변화를 위한 노력을 한순간만 한다면 무슨 소용이 있겠는가. 아주 작은 변화라도 지속적으로 변화하기 위해 노력한다면 그것이 결국 습관이 되고 천성이 된다.

이 책은 트리거를 지속하기 위한 좋은 방법으로 하루 질문을 권한다. 날마다 자신을 발전시키기 위한 능동적인 질문들을 1~10점까지 점수화해 스스로 평가하는 것이다. 이런 질문이 날마다 쌓이면 자신의 변화 과정을 살필 수 있으므로 좋을 것이다. 그런 방법도 분명히 도움이 되니 실천해 볼 만하다. 끝으로 나에게 트리거는 독서였다.

13

부자들은 무엇을 선택하는가,
『백만장자 불변의 법칙』

　　『백만장자 불변의 법칙』을 보고 깜짝 놀랐다. 이 책은『이웃집 백만장자』의 개정판이다. 『이웃집 백만장자』의 20주년 기념 개정증보판이기도 하다. 이 책의 서문은 저자인 토머스 J. 스탠리의 딸 세라 스탠리 팰로가 새롭게 썼다. 그 서문에서 그녀는 이 책을 출간하기 전에 갑자기 아버지(저자)가 사고로 사망했기 때문에 자신이 서문을 대신 쓰게 되었다고 밝혔다. 나는 토머스 J. 스탠리가 쓴 책을 모두 읽었다. 국내에 소개된 책 중에 안 읽은 것이 없을 정도로 최애저자였다. 그는 무엇보다 부자에 대한 내 생각을 바꾸어주었다.

　　부자 하면 떠오르는 이미지가 있다. 명품으로 치장하고 외제차를 몰고 다니는 이미지다. 이런 부자들도 분명히 있다. 이 책은 이런 부자를 UAW(Under Accumulator of Wealth)라고 부른다. 반면에 검소한 부자들도 있다. 이런 부자를 PAW(Prodigious Accumulator of Wealth)라고 부른다. 예전에도 이 말이 좀 어려웠다. 이것을 번역하지 않고 영어 약자로 보여주니 상당히 이해하기 어려웠다.

이것을 이렇게 표현하면 어떨까 싶다. 과시형 부자와 자산가형 부자로 말이다. 이렇게 구분하면 훨씬 쉽게 와 닿을 것이다. 대부분의 사람들은 과시형 부자를 좋아한다. 많은 사람들이 되고 싶어 하는 부자가 과시형 부자다. 이들은 항상 돋보인다. 자신을 치장하고 돈도 멋있게 쓴다. 이들이 부럽다고 생각하는 사람도 많다. 하지만 이 책은 말한다. 그들은 진정한 부자가 아니라고! 부자처럼 보일 뿐 부자는 아니라고 말한다.

과시형 부자들은 대부분 소득이 높다. 높은 소득으로 소비를 더 많이 할 수 있다. 남들이 볼 때 부러워할 수밖에 없다. 이들은 높은 소득으로 현재의 부를 유지하고 남들에게 보여줄 수는 있지만 자신의 소득이 끊기면 문제가 커진다. 시간이 갈수록 어려움을 겪을 가능성이 크다. 반면에 자산가형 부자는 검소하다. 돈이 있는 것을 티내지도 않고 좋은 차를 과시하려 하지도 않는다.

많은 사람들이 솔직히 과시형 부자를 자산가형 부자보다 선호할 것이다. 반드시 그런 것은 아니겠지만 자산가형 부자와 과시형 부자의 가장 큰 차이는 순자산이다. 과시형 부자에 비해 자산가형 부자들은 순자산이 훨씬 더 많다. 책에서는 부자에 대해 이렇게 정의한다.

자신이 버는 소득에서 10배 정도의 순자산이 있어야 한다. 이를테면 내가 1억 원 정도의 소득이 있다면 10억 원 정도의 순자산이 있어야 부자라고 할 수 있다. 여기서 핵심은 순자산이다. 많은 사람들이 순자산이 아니라 총자산으로 자신의 자산을 파악하는데, 이는 착각에 불과하다. 이러면 엄청난 차이가 생긴다. 10억 원의 자산을 갖고 있다고 하는데 막상 순자산을 보면 1억 원도 안 되는 경우도 있다. 그러면 바람직하지 않다.

이 책을 10여 년 전에 읽고 나서 부자에 대한 개념을 바로잡았다. 얼마를 버느냐도 무척이나 중요하지만 그보다는 내가 어떻게 살아가느냐가 더 중요하다. 이왕이면 많은 소득으로 엄청난 돈을 벌면 참 좋겠지만 그게 쉽지 않다. 그보다는 자신이 벌고 있는 소득에서 어떻게 할 것인지가 더 중요하다. 그러기 위해서는 남들에게 과시하기보다는 나 자신에게 충실하게 살아가는 것이 더 좋다.

자신의 자산을 돈으로 보여주는 것보다는 나라는 사람의 내면에 더 다가가야 하지 않을까? 검소한 삶은 지지리 궁상으로 보일 수도 있다. 써야 할 때에 쓰지 않으면 더욱 그럴 것이다. 자신의 자산과 소득 수준에 맞춰 생활하는 것이 바람직하다. 아직 자신의 수준이 부자 근처에 가지도 않았는데 무리하게 쓴다면 바람직하지 않다. 이에 관

부의 공부법

해서는 각자 자신의 부자관과 삶의 자세 등에 따라 달라질 수 있기에 정답은 없다.

대체적으로 부자는 검소하다. 돈을 아무렇게나 막 쓰지 않는다. 사람들 대부분은 부자는 아니지만 부자처럼 보이기 위해 노력하는 경우가 많다. 남에게 보여줘야만 하는 직업군의 경우 그런 경우가 많다. 이들은 조금이라도 일이 끊기거나 하면 당장 생계가 어려워진다. 그 속사정을 알게 되면 '너도 많이 힘들구나' 하는 측은지심이 생길 수 있다.

나는 과시형 부자가 아니라 자산가형 부자가 되기로 결심했다. 성격 자체가 소비를 막으며 남들에게 보여주는 스타일이 아니기 때문이다. 남들과 비교하며 과시형 부자가 되고 싶은 욕망이 자꾸 꿈틀대기도 하지만 그런 행동은 자산에서 불어나는 돈만으로도 가능할 때 해도 된다. 그때가 언제 올 지는 모르겠지만······.

토머스 J. 스탠리의 책은 모두 읽어도 좋다. 그는 진정한 부자가 살아가는 삶의 태도와 방향성을 알려준다. 그중에서도 『백만장자 불변의 법칙』은 기본 중의 기본을 알려주는 책이다.

14

수입의 10%만 저축하면 생기는 복리의 마법, 『바빌론 부자들의 돈 버는 지혜』

갖고 있는 책의 인쇄연도가 2002년이다. 내가 읽었던 때도 거의 그 무렵으로 보인다. 어느덧 15년 정도 시간이 지났다. 나는 조지 S. 클레이슨의 『바빌론 부자들의 돈 버는 지혜』를 처음 읽었던 때보다 얼마나 성장했을까? 이 책을 다시 읽으면서 그런 질문을 스스로에게 던졌다. 무엇보다 지난 시간 동안 이 책을 읽고 얼마나 실천했을까? 너무 뻔하고 당연한 것이라 판단하고 소홀히 한 것은 아닌가 하는 생각도 들었다. 처음 책을 읽을 때부터 무려 15년이라는 시간이 흘렀다. 누가 뭐래도 '시간은 깡패구나'라는 생각도 들었다.

이 책에서 말하는 핵심 중 하나는 "수입의 10%를 저축하라"다. 이

것이 별것 아닌 것처럼 보일 수도 있다. 겨우 10%를 저축하면 부자가 된다고 하니, 말도 안 된다는 생각이 들지도 모른다. 좀 더 확실하게 돈을 벌고 싶은 사람에게 이 책은 너무 지겹고 지루한 책일 수도 있다. 만약 그렇다면 좀 더 자극적이고 화끈한 방법에 집중하는 것이 좋을 듯하다. 이 책을 처음 읽었을 당시에는 그런 생각을 하지 않았지만 이번에 다시 읽으면서 그런 생각을 했다.

대부분 이 책을 읽으며 '이게 뭐야!' 하며 저 멀리 치워버리지 않았을까 싶다. 자신이 어느 정도의 금액을 벌어들이느냐에 따라 사람마다 저축할 수 있는 10%는 다르다. 1,000만 원을 버는 사람과 100만 원을 버는 사람은 1년 후에 쌓이는 돈이 엄청나게 다를 것이다. 하지만 자신이 모으는 돈이 하찮다고 여겨 포기하거나 중단해서는 안 될 것이다.

무엇보다 이 책을 읽으며 가장 후회하는 것은 바로 10% 저축이었다. 나는 솔직히 지금까지 따로 저축을 해 본 적은 없다. 그럴 여유가 없었다. 더구나 모인 돈으로 투자라는 것을 했다. 되돌아보니 지속적으로 수입의 10%를 계속 저축했어야 했다. 지나고 보니 그것이 얼마나 대단한 것인지 깨닫게 되었다. 이 책을 처음 읽었던 때부터 지금까지 무조건 10%씩 저축했다면 어떻게 되었을까?

계속 그렇게 했다면 지금은 엄청나게 큰돈이 모였을 것이다. 10%가 별것 아닌 것처럼 보이지만 매월 10만 원씩 저축했다면 1년이면 120만 원이고, 벌써 15년이 되었으니 1,800만 원이 될 것이다. 이러한 계산은 매월 10만 원만 모았다는 것을 가정한 것이다. 과거보다 수입이 늘었으니 매월 저축하는 돈이 10만 원보다 늘어나고, 게다가 저축 예금의 이자까지 계산하면 지금은 아마도 잘하면 1억 원이 넘을 것이다.

이렇게 저축해서 모으는 돈은 끊임없이 불리고 굴릴 수 있다. 처음에는 쌓인 돈이 얼마되지 않아 아무것도 할 수 없지만 지금쯤이면 충분히 1억 원이라는 여윳돈이 생겼을 것이다. 그 정도로 큰돈이 아무렇게나 쓸 수 있는 여윳돈으로 생긴다면, 정말로 대단한 일이다.

만약 지금 1억 원의 여윳돈이 생기고 그 돈을 또다시 끊임없이 불린다면 향후 15년 후에는 몇 억 이상으로 불어나 있을 것이다. 원금에 계속 추가적으로 매월 돈을 불입하고, 게다가 이자까지 붙으니 최소한 손해 보는 투자는 아니다. 이 방법대로 하는 것이 지금이라도 늦지 않았다. 솔직히 말하자면 이 방법대로 하지 않고 다른 방법으로 열심히 하기도 했다. 그럼에도 이 단순하고도 간단한 방법을 소홀히 했다는 자책감이 들었다.

이 방법은 사람들이 그토록 울부짖는 복리의 마법이다. 많은 사람들에게 크게 와 닿지 않을 수 있는 이 방법만으로도 부자가 될 수 있냐고 묻는다면 단호히 "된다!"고 말하겠다. 모든 것은 시간과의 싸움이다. 시간을 내 편으로 만드는 것이 핵심이다. 그런 면에서 우리는 너무 조급하다. 빨리, 빨리, 빨리 때문에 오히려 우를 범한다. 이 간단한

부의 공부법

진리가 바로 눈앞에 있는데도 언제 달성하겠느냐는 조바심 때문에 이 방법을 간과한다.

투자를 하다보면 티핑 포인트 내지 핫스팟 지점부터 돈이 기하급수적으로 쌓이는 때가 온다. 바로 그때 참지 못한다. 더 빨리 달성하려다 오히려 소탐대실하는 경우가 대다수다. 부자는 쉽게 되지 않는다. 그럼에도 더 빨리 되려다 망한다. 우리 주위에 부자가 흔치 않는 가장 큰 이유가 아닐까? 지극히 간단하지만 인내를 해야 하는 이 시기를 견디는 것이 가장 어렵다. 이 책에는 다양한 방법이 나오는데 어찌 보면 너무 쉬운 방법 같다고 느껴진다.

하지만 이제야 생각해 보니 쉽게 느껴질 뿐 엄청나게 어려운 일이었다. 욕망에 쉽사리 사로잡히는 것이 인간의 본성인데, 그에 반하는 일을 하는 것이 얼마나 어렵겠는가? 이토록 긴 시간 동안 욕망을 억누르고 수입을 저축할 수 있을까? 힘들다고 본다. 그러니 딱 10%만 하려 한다. 그 정도라면 계속 저축하는 것이 어렵지도 않고 저축한 돈을 쉽게 건드리지 않을 수도 있다. 나중에 돈이 쌓여 큰돈이 되어도 저축하는 습관이 생기면 충분히 계속할 수 있지 않을까?

생각해 보면 지금까지 나는 저축이 아닌 투자로 돈을 늘려 나갔지만, 돌고 돌아 결국 기본이 중요하다는 것을 깨닫게 되었다. 이제부터라도 수입을 투자에 투입하는 데 조금만 줄이고 수입의 10%를 저축해야겠다.

제2부

부자가 되려면
돈 공부부터 시작하라

01

내 가족의 미래를 위한 공부,
『내 가족을 위한 돈 공부』

나는 이재하의 『내 가족을 위한 돈 공부』의 추천사를 쓰기도 했다. 투자 강의를 할 때마다 사람들에게 늘 묻곤 한다. "무엇 때문에 투자와 관련된 강의를 듣게 되었냐?"고. 그럴 때마다 사람들의 대답은 거의 둘 중 하나이다. 첫 번째는 "내가 사랑하는 가족들이 돈 걱정 없이 편하게 살았으면 한다"는 대답이다. 두 번째는 "노후에 대비해 스스로 자립해서 살 수 있는 바탕을 마련하기 위한 방법을 배우기 위해"라는 대답이다.

아마도 대부분 첫 번째 이유로 투자에 관심을 갖지 않을까 싶다. 어렵게 취직해 월급을 받으면 당장 먹고사는 것은 해결할 수 있겠지만 미래를 생각하면 가슴이 꽉 막힌다. 회사에서 뛰쳐나가 호기롭게 자영업을 시작하려 해도 국세청 2015년 발표에 의하면 지난 10년간 창업 생존율이 16%에 불과하다. 직장생활도 자영업도 답이 아닌 시대에 무엇을 어떻게 해야 할지 답답할 따름이다.

왜 이런 일이 발생했을까? 우리가 자본주의 사회에 살면서 돈에 대해 무지했기 때문이다. 나를 위해 우리 가족을 위해 투자와 돈에 대한 공부는 필수이다. 이 점에 대해 『내 가족을 위한 돈 공부』는 다음과 같이 알려준다.

"우리가 돈을 왜 공부해야 하는지 나의 사례만 보더라도 명확하다. 단순히 돈을 위해서 돈 공부를 하라는 것이 아니다. 내 미래를 위해서, 부부의 미래를 위해서, 아이들의 미래를 위해서 공부하라는 것이다. 그렇다고 금융상품을 공부하라는 것이 아니다. 우리가 공부해야 할 건 저축과 투자에 대한 원칙과 마음가짐이다."

돈과 투자에 대해 공부하는 것은 결코 부끄러운 일이 아니다. 오히려 필수적으로 배우고 익혀야 한다. 자본주의 사회에 살며 어떤 식으로 돈이 돌고 흘러가는지를 모른다면 절대로 그 돈은 나에게 머물지 않고 잠시 스쳐 지나갈 뿐이다. 투자는 돈의 속성을 파악한 후 내 자산을 굴리고 불리면서 내가 이 세상에서 가장 사랑하는 가족을 지키는 수단이다. 부자가 되고 싶어 하는 것은 속물적인 근성이 아니다. 열심히 일하고 노력해도 돈이 모이지 않았다면 분명히 이유가 있다. 그 이유가 무엇인지 궁금한가? 책에 답이 나온다.

"자본주의는 간단하다. 노동과 자본이다. 자본주의, 노동, 자본, 어렵게만 느껴지는가? 그럼 쉽게 풀어보도록 하자. 처음 일을 시작했을 땐 모아둔 자본이 없으므로 당연히 노동이 자본을 벌어와야 한다. 그렇게 시간이 지나 일정한 자본이 쌓이기 시작하면 그 자본에게도 노동을 시켜야 한다. (중략) 생각을 바꿔야 한다. 자본은 나의 하인이자 노예다. 내가 주인이며 왕이다. (중략) 돈의 주인인 내가 그것을 이해하지 못하고 돈의 노예로 전락한다면 나뿐만 아니라 나의 자녀도 돈의 노예로 살아갈 것이다."

시중에 있는 수많은 재테크 책은 일확천금을 꿈꾸게 만든다. 돈에 대해 알지도 못하고 투자에 대해 제대로 습득하지도 못한 상황에서 그저 단기간에 큰돈을 버는 데만 혈안이 되어 있다. 평소에 공부를 하지 않은 학생이 한 달 만에 수능 만점을 맞고 서울대에 갈 수 있을까? 아무리 벼락치기를 해도 불가능하다. 투자도 이와 똑같다. 기초가 없는 상태에서 아무리 짧은 기간에 공부해도 좋은 점수는 감감무소식이다. 투자의 기본을 닦지 않고서 자산을 굴리고 불리는 것은 요원한 일이다.

저자는 현직 재무 설계사다. 그 누구보다도 돈에 목말라 있는 사람들을 가장 많이 만난다. 일반인이 돈과 투자에 대해 가장 궁금한 점이 무엇인지 너무 잘 알고 있다. 투자에 대해 잘 모르는 일반인의 눈높이에 맞춰 친절하게 설명해 준다. 지금까지 저자 자신이 경험했던 수많은 사례를 독자에게 들려준다. 가감 없이 성공과 실패의 경험을 민낯으로 보여주며 힘과 용기를 준다. 그러니 『내 가족을 위한 돈 공부』는 어렵지 않게 읽을 수 있다.

조지 버나드 쇼의 묘비에는 "우물쭈물 하다가 내 이럴 줄 알았지"라는 묘비명이 있다. 후회하지 않기 위해 지금이라도 돈과 투자에 대해 제대로 공부하는 시간을 갖도록 하자!

02

투자로 먹고사는 법,
『돈이란 무엇인가』

　전 세계적으로 유명한 투자자로는 워런 버핏과 앙드레 코스톨라니가 있다. 사실 앙드레 코스톨라니는 워런 버핏보다는 제시 리버모어(Jesse Lauriston Livermore, 월스트리트 역사상 가장 위대한 개인투자자. 14세의 어린 나이에 단돈 5달러를 들고 가출한 후 주식투자로 1억 달러라는 천문학적인 금액을 벌어들였다.)에 가까운데, 투자자로 이만큼 성공한 사람은 매우 드물다. 그는 10대부터 90대까지 개인투자자로 살았다. 오로지 투자로 먹고사는 것을 해결했다.

　투자자들은 정말 많다. 그중에서도 유명한 투자자는 생각보다 많지 않다. 이름이 알려져 있는 투자자가 많기는 하지만 인구 대비 매우 적은 편이다. 더구나 투자자들 사이에서 개인투자자로 유명한 사람은 매우 드물다. 한국은 논외로 치고 해외에서는 유명한 투자자들이 쓴 책이 많이 있다. 그런데 그들 대부분은 개인이 아니라 그들이 운영하는 회사의 돈으로 투자를 했다.

가장 유명하고 대단한 워런 버핏도 투자자이기는 하지만 그는 기업을 운영하며 투자를 한다. 그러니 그를 개인투자자로 보기는 힘들다. 그런 면에서 앙드레 코스톨라니는 개인투자자로 크게 성공한 전무후무한 사람이다. 그는 개인투자자였기에 투자도 무척이나 여유 있게 했다. 자신이 팔고 싶을 때 팔아버리고 매수하고 싶을 때 매수했다.

마음만 먹으면 언제든지 전부 현금으로 보유도 했다. 이는 개인투자자가 할 수 있는 최고의 방법이라 생각한다. 오늘날의 유명한 투자자들의 이야기에 주목하고 귀를 기울일 필요가 있지만 개인투자자가 아닌 그들은 고객의 돈을 운영한다. 돈이라는 측면에서는 같을지 몰라도 이는 엄청나게 큰 차이가 있다. 그렇기에 앙드레 코스톨라니는 음악연주회에 가는 동안 왠지 마음이 불편해서 주식을 전부 매도하기도 한다.

더 재미있는 것은 그렇게 하고 나니 너무 마음이 편안했다고 한다. 며칠 후 주가가 폭락하며 그 손실에서 벗어났다. 의도치 않은 행동이 손실을 막아준 것이다. 앙드레 코스톨라니의 『돈이란 무엇인가』에는 이런 이야기가 많이 나온다. 어떤 자세한 조사를 통해 수익을 낸 것이 아니라 그저 운 좋게 수익을 낸 것이다.

이 책은 주가나 해당 기업과는 전혀 상관없이 다른 일 때문에 주식을 매수하거나 매도했는데 큰 수익을 낸 사례들을 소개한다.

심지어는 엉뚱한 회사를 매수하기도 한다. 어느 날 회사 이름을 잘못 알아듣고 매수했다. 한동안 주가가 떨어져 마음고생을 했지만 추가로 매수했다. 좀 더 시간이 지나 주가가 올라 매도했다. 완전히 해피엔딩으로 끝난 결과였지만 알고 보니 자기가 알고 있던 회사가 아니었다. 회사 이름을 잘못 듣고 투자했는데 성공한 것이다. 이처럼 투자의 세계에서는 의도치 않게 수익을 낼 수도 있다.

누가 뭐래도 코스톨라니의 달걀이 가장 유명하다. 이 개념은 우리가 외워야 하고 항상 염두에 둬야 한다. 우리는 늘 영원하다고 생각하지만 그런 것은 절대로 없다. 확실한 것은 '사람은 죽는다' 정도다. 그 외에는 그 어떤 것도 확실하지 않다. 그러니 '이번은 다르다'고 생각하는 것도 가장 경계해야 한다. 상승하면 하락할 때가 온다. 하락하면 상승할 때가 온다. 상승이 영원히 지속될 것 같고, 하락이 영원히 지속될 것 같지만 그렇지 않다.

그나마 과거에는 투자의 세계에서 일정한 흐름이 상당히 오랜 기간 지속되었다. 한 번 하락이나 상승을 하면 그 기간이 수십 년 이어지기도 했다. 자본주의 시스템이 발달하면서 이런 경우는 극히 드물어졌다. 오래 지속되어도 몇 년 정도다. 그 기간이 지나면 하락한 자산은 상승하고, 상승한 자산은 하락한다. 이 개념이 바로 코스톨라니의 달걀이다. 크게 조정국면, 적응국면, 과열국면으로 나뉜다. 이것은 또다시 상승기의 3단계와 하락기의 3단계로 나눠진다.

하락기의 최대 공포기에서 사람들은 힘들어하며 내다 팔려고 하는데, 현명한 투자자라면 조정국면으로 넘어갈 때 사야 한다. 그 후에 점차적으로 시장이 과열되면 사람들의 욕망이 극에 달하는데, 바로이 시점에 팔아야 한다. 이런 투자를 몇 번만 성공한다면 큰 자산을 형성할 수 있다. 아쉽게도 이 이론을 머릿속에 명확히 입력할 수는 있지만 실천하는 것은 너무 어렵다. 소신파가 되기보다는 부화뇌동파가 되는 인간의 본성을 역행하는 것이 어렵다. 언제나 그렇다.

좋은 기업을 발견했다고 매수해야 할 필요는 없다. 좋은 기업을 발견하고 계속 지켜보면서 가격이 아주 저렴할 때 매수해야만 한다. 좋은 기업을 발견했는데 돈이 넉넉히 있다면 기다렸다가 매수를 하는 것은 어렵다. 이것을 기가 막히게 잘하는 투자자가 워런 버핏이다. 그는 미친 사람이라고 할 정도로 자신의 서클 안으로 들어왔을 때만 매수한다. 그전에는 아무리 좋은 기업이라도 절대로 매수하지 않는다. 최근 주식시장의 움직임을 고려하면 또다시 이 방식의 중요성을 뼈저리게 깨닫게 된다.

돈을 벌게 만드는 것은 자본주의 시스템이다. 그 시스템을 알아야 한다. 여기서 중요한 것은 사람들의 심리다. 사람들은 선호하고 좋아하는 것에는 몰려들고 싫어하는 것은 외면한다. 이것은 세상 살아가는 이치이기도 하지만 투자할 때도 언제나 명심하고 또 명심해야 하는 포인트다. 앙드레 코스톨라니는 지적 게임의 일환으로 투자를 했다. 나도 그러고 싶다. 그것이 어떻게 보면 살아남는 중요한 방법이 아닐까 싶다. 그래야 투자를 여유 있게 즐기면서 할 수 있지 않을까?

03

투자의 기초를 쌓는 백과사전,
『보도 섀퍼의 돈』

　　대부분의 자기계발 서적은 미국 책이다. 자기계발 서적들이
누누이 강조하는 동기부여 등은 미국의 성취 지향적 삶과 맞닿아 있
기 때문이다. 유럽에는 어느 정도 경제적 여유가 있는(많은 세금을 내고 복지
가 좋은) 국가가 많다. 군이 더 잘 살려고 노력할 필요가 없다. 내 관점이
정답이 될 수는 없겠지만 그런 면에서 유럽에서 자기계발 서적이나
투자 책은 드물게 출간되는 것 같다. 그런데 보도 섀퍼의 『보도 섀퍼
의 돈』은 좀 유별난 책이다.

　　이 책은 1999년에 출간된 독일인 저자의 책이다. 지금에 비해 복지
가 좋지 않다고 해도 복지 선진국인 독일에서 이런 책이 나왔으니 신

기하게 느껴진다. 솔직히 처음 이 책을 읽었던 2000년대 초반에는 그런 생각을 전혀 못했다. 그저 전혀 모르는 세계를 알게 해준 것이 마냥 좋았다. 무엇보다 독일인이라서 그런지 미국인보다는 좀 더 체계적이고 구체적으로 자기계발에 접근했다. 바로 그 점 때문에 이 책이 더 와 닿지 않았나 싶다.

이 책은 무엇보다 먼저 의식화(?)부터 시작하라고 한다. 돈에 대한 우리의 생각을 바꾸라고 말한다.

'돈이 인생의 전부는 아니다. 돈이 있다고 모든 것을 가질 수는 없다.'

우리는 이런 생각으로 돈을 터부시한다. 돈에 대한 이중적인 태도는 우리를 힘들게 한다. 돈이 나에게 오지 않는 큰 이유는 내가 돈을 가질 수 없다고 생각하기 때문이다. 너무 큰돈을 갖는 것은 올바르지 않다고 믿기 때문이다.

이런 생각을 바꿔야 한다. 내가 돈에 대해 부정적으로 생각하고 있는데 돈이 나에게 올 리가 없다. 내가 누군가를 미워하는데 그가 나에게 올 수 있을까? 돈도 마찬가지다. 이런 의식화부터 시작해야 한다. 돈에 대한 내 생각을 바꾸지 않으면 안 된다.

돈을 많이 벌어도 마찬가지다. 내가 돈을 싫어하는데 돈이 나에게 머물러 있을 이유가 없다. 돈이 나에게 오도록 하려면 돈에 대한 책임을 가져야 한다. 돈이 있는 것도 없는 것도 내 책임이다.

책임지지 않는 사람에게 무엇인가를 맡길 수 있을까? 돈도 그렇다. 내가 책임지지 않는데 찾아올 리가 없다. 어떤 일을 하든 마찬가지다. 피하려 하지 말고, 남에게 떠넘기려 하지 말고 모든 것을 기꺼이 책임지려 해야 한다. 그래야 돈이라는 놈이 믿음직한 나에게 찾아온다. 내가 책임을 회피할 때 순식간에 돈은 도망간다. 많은 돈을 갖고 있는 사람일수록 그 책임의 무게를 알고 기꺼이 떠맡는다. 많은 돈을 다룰 수 있는 책임감이 클수록 더 큰 돈을 가질 수 있다.

부자가 되지 못하는 이유 중 하나가 숫자 같은 것으로만 생각하기 때문이다. 이미지를 상상해야 한다. 100억 원을 가질 것이라고 생각하는 것보다는 테헤란로의 20층 건물을 보유하는 상상을 해야 한다. 그중에서도 정확하게 특정 건물을 선정해 그 건물을 갖겠다고 다짐한다. 이런 상상이 우리를 움직이게 만든다. 손에 잡히지 않은 막연한 것이 아니라 실제로 볼 수 있고 만질 수 있는 것을 상상하면 훨씬 더 현실감 있으니, 그것을 이루기 위해 보다 적극적으로 노력할 수 있다.

목표는 크게 세울수록 좋다. 문제는 목표만 크게 세우고 구체적인 실행 방법이 없는 것이다. 큰 목표를 세웠다면 다음으로 작은 목표부터 하나씩 성취해 나가야 한다. 작은 목표를 이뤘을 때 성취감이 생기며 그 다음 단계로 도전할 수 있게 된다. 조금씩 조금씩 더 큰 목표를 이루기 위해 도전하며 궁극적으로 최종 목표에 도달할 수 있다. 당장 돈이 없다면 돈부터 만들어야 한다. 그러기 위해서는 매월 10만 원씩 적금을 한다.

그 후에 1년이 지나 120만 원을 모으면 또다시 1년 적금을 든다. 이런 식으로 꾸준히 하면 차차 돈이 쌓이면서 다음 단계로 넘어가게 된다. 결국 돈을 만드는 것은 많이 버는 것이 아니다. 많이 벌면 많이 쓰게 마련이다. 어떤 일이 있어도 모은 돈을 소비하지 말고 굴리고 불려야 한다. 그것이 쌓이고 커지면서 부자가 될 수 있다. 그 단계를 제대로 거치지 않은 사람은 결국 실패한다.

이 과정에서 의문과 의심이 들 수 있다. 나는 과연 부자가 될 수 있을까? 나 자신을 굳게 믿어야 한다. 할 수 있을까라는 의구심보다는 당연히 그렇게 될 거라는 자신감을 가져야 한다. 성공한 사람들은 자신이 한 일 또는 하는 일에 대해 자신감이 넘친다. 할 수 없을 것이라는 의심보다는 할 수 있다는 생각으로 임한다. 실수는 누구나 한다. 실수를 하지 않는 사람은 없다. 아무것도 안 하면 실수하지 않겠지만 아무것도 얻지 못한다.

이 책은 투자의 백과사전이다. 자기계발과 동기부여는 물론이고 투자의 기초를 총망라했기 때문이다. 출간된 지 어마어마하게 시간이 지났는데도 여전히 많은 사람들이 찾는 책이다. 이 책의 말미에는 주식투자의 기초와 방법을 소개한다. 펀드에 대해서도 알려주는데 워낙 오래된 책이라 그런지 액티브펀드(active fund, 시장수익률을 초과하는 수익을 올리기 위해 펀드매니저들이 적극적인 운용전략을 펴는 펀드)만 소개한다. 인덱스펀드

(index fund, 주가지표의 변동과 동일한 투자성과의 실현을 목표로 구성된 포트폴리오)도 소개했다면

훨씬 더 좋았을 듯하다. 초보자라면 뜬구름을 잡는 자기계발 서적을

읽는 것보다 이 책을 2~3번 읽는 것이 좋을 것이다.

04

투자를 위한 경제지식 쌓기,
『경제지식이 부자를 만든다』

경제는 우리 곁에 늘 있다. 벗어나려 해도 벗어날 수 없다. 우리가 하는 모든 활동은 경제활동이다. 밥을 먹기 위해서도 건강하게 오래도록 살기 위해서도 돈이 필요하다. 경제 지식을 갖추고 우리가 행동하는 모든 것을 살펴야 하는 것은 대단히 어려운 일이다. 나는 아직도 경제를 잘 모르겠다. 살펴봐야 하는 것이 너무 많다. 그 많은 것들을 전부 살펴봐도 경제를 예측하는 것이 너무 힘들다. 모르겠다. 일부 전문가들은 자신 있게 경제를 예측하고 맞춘다.

경기가 평탄한 때에 하는 예측은 별 관심을 받지 못하지만 변곡점에서 발표한 예측이 맞아 떨어지면 엄청난 폭발력을 발휘한다. 스타가 되지만 문제는 지속적이지 못하다. 고장 난 시계도 두 번은 맞는다는 표현처럼 어쩌다 맞출 뿐 항상 정확히 예측하는 것이 힘들다. 그럼에도 그 파급력이 크다보니 한동안 전문가가 말하는 모든 것이 조명된다. 거의 100% 다음 변곡점에서 그는 조용히 사라진다. 그의 주장은 일시적으로 환호는 받을지언정 오랫동안 사람들에게 선택받지 못한다.

경기를 단기가 아닌 장기로 볼 때는 어느 정도 예측은 가능하다. 경기는 좋아졌다 나빠졌다를 반복한다. 경기가 지금 좋다면 조만간 나쁠 가능성이 거의 100%다. 이처럼 멀리 내다보면 어느 정도 예측할 수 있다. 우리가 경제를 이렇게 분석하고 예측하는 이유는 살아남기 위해서다. 경기 흐름을 알더라도 나 자신에게 적용해서 실천하지 못한다면 아무런 소용이 없다. 수많은 공부와 연구 끝에 경기가 상승기인지 하락기인지 알았다 해도 그에 따른 실행이 없다면 의미 없다.

부자들은 끊임없이 공부한다. 부자들은 역사는 반복된다는 것을 알고 실천하는 것이다. 경기가 하락하면 다들 공포에 휩싸인다. 곳곳에서 피를 토하고 곡소리가 난다. 이럴 때 보유한 현금으로 피투성이가 된 곳에서 알짜 자산을 수거한다. 경기가 다시 좋아지면 많은 사람들이 흥청망청 단 꿀에 취해 버린다. 이럴 때 또다시 차갑고 이성적인 냉혈한으로 돌변해서 자산을 매도한다. 남들과는 다른 마인드를 갖고 경기를 바라본다.

부의 공부법

그동안 수없이 반복되는 경기의 상승과 하락을 경험하며 내성이 생겼다고 할까? 나는 절대로 경기를 단기적으로 바라보지 않는다. 고경호의『경제지식이 부자를 만든다』는 그런 점에서 좋은 책이다. 저자는 단순히 경기 하락과 상승 시기를 맞추려고 노력하지 않는다. 이런 상황에 처했을 때 어떻게 대처해야 할지를 알려줄 뿐이다. 또는 경기 하락 시기와 상승 시기가 도래했을 때 내가 보유한 자산을 어떻게 포트폴리오(portfolio, 투자수익을 극대화하기 위해 여러 종목에 분산 투자하는 방법)를 짜야 하는지를 알려준다.

책에서는 주식과 채권으로 50%씩 투자하라고 조언한다. 경기가 하락하면 주식시장이 무너지며 주가가 하락한다. 정부는 경제를 살리기 위해 금리를 내린다. 시장에 유동성이 늘어나며 서서히 군불이 달아오르듯 경제가 활성화된다. 이럴 때 다시 주가가 상승한다. 이런 상황이 지속적으로 반복된다. 이 책은 이 기간을 대략 10년으로 본다. 그동안 한국 사회에는 IMF로 대변되는 위기가 있었다. 그 다음으로 미국 서브프라임에서 시작된 금융위기가 있었다.

그 이전에도 분명히 이런 위기가 있었지만 이 책은 여기서부터 과거를 돌아본다. 대체적으로 금리가 높을 때는 채권이 투자처로 좋다. 기준 금리가 5%라면 5%짜리 채권을 누구도 구입하지 않는다. 당연히 7%는 제시해야 사람들이 구입한다. 국가기관 등이 발행한 채권도 있지만 기업이 발행한 채권은 받지 못할 가능성도 있으니 7%는 제시

해야 사람들이 리스크를 감수하고 구입한다. 그렇게 구입한 채권이 경기가 나빠지면 빛을 발한다.

금리가 떨어지면 이미 구입했던 7%짜리 채권은 그 자체로 수익을 내며 팔 수 있다. 이제 주가가 떨어진 주식을 매수할 차례다. 경제가 나빠질 때 떨어진 주식을 매수하면 대체적으로 아무리 길어도 2~3년 정도면 주가는 다시 원상회복을 한다. 흔히 말하는 평균회귀를 늘 한다. 장기적으로 가격은 올랐다 떨어졌다를 반복하며 늘 평균을 보여준다. 이렇게 경기에 따라 주식과 채권을 50%씩 균형 있게 보유하는 것을 제안한다.

사실 우리에게 이미 익숙한 방법이긴 한다. 나는 이 방법을 쓸 생각은 없지만 다른 사람들에게 권유한다. 투자를 적극적으로 하지 않거나 안전한 방법을 모색하는 사람들에게 가장 최선의 방법은 이렇게 주식과 채권을 반반씩 보유하며 자산을 늘리는 것이다. 몇 년에 한 번씩 주식과 채권에 투입된 현금을 50%씩 조정하면 보유 자산은 계속 늘어난다.

물론 이론적으로는 정말 쉽고 편하다. 다만 실행하는 것이 어렵다. 막상 주가가 하락했을 때 과연 살 수 있을까? 채권을 매수하는 것도 쉽지 않다. 그렇지만 이 방법은 전문가가 아닌 일반인이 큰 스트레스 없이 자산을 증식할 가장 확실한 방법이다.

이 책은 환율에 대해 알려주고 자신만의 원칙을 지키며 행동한다면 성공할 것이라고 알려준다. 맞다. 맞는 말이다. 그렇게 하면 된다.

내 생각도 마찬가지다. 그래서 나는 이 방법을 어느 정도 월수입이 있는 사람이나 스트레스받지 않고 투자하려는 사람에게 권유한다.

05

투자의 기본 원칙 쌓기, 『투자에 대한 생각』

이 책은 완전 초보자가 읽기에는 살짝 버거울 수 있다. 그보다는 투자를 조금이라도 한 사람이 읽는다면 큰 도움이 될 책이다. 투자를 할 때 대부분의 사람들은 그저 수익만 생각한다. 돈이 된다고 하면 무조건 하고 본다. 상승기에는 돈 버는 사람들이 많이 나온다. 욕심을 충족시키고 수익을 내니 많은 사람들이 용기백배다. 거침없이 수익을 좇아 나방처럼 불빛이 있는 곳이라면 묻지도 따지지도 않고 날아간다. 수많은 사람들의 환호가 곳곳에서 넘친다.

언제나 상승기에는 스타가 나타나고 추종하는 세력도 생긴다. 그들이 가는 곳마다 열기가 넘친다. 그 기간은 생각보다 꽤 길다. 몇 개월 정도만 그렇게 된다면 사람들이 따르지 않겠지만 그런 기간이 몇 년간 이어진다. 이 정도 기간 동안 성공한 사람에게 환호하지 않는다면 그게 더 이상하다. 사실 이럴 때 원칙이고 뭐고 없다. 돈을 벌기만 한다면 장땡이다. 다른 것은 전혀 필요 없다.

사실 투자의 기본 원칙은 있다. 투자자라면 이 원칙을 지키는 것이 가장 필요하다. 원칙의 중요성은 하락기가 왔을 때 드러난다. 그토록 많았던 자산시장의 스타가 전부 사라진다. 이들이 사라진 가장 큰 이유는 대부분 투자 원칙이 없기 때문이다. 투자 원칙은 가격이 상승하든 하락하든 상관없이 지켜야 한다. 그런 점에서 볼 때 10년이 안 된 투자자를 인정하는 것은 좀 애매하다. 투자 원칙을 최소한 10년은 유지해야 판가름할 수 있으니까.

상승장만 겪은 투자자는 불안정하다. 당장은 큰 수익을 낸 것으로 유명할지 몰라도 그가 한 대로 따라하면 실패할 가능성이 크다. 10년 이상 투자자로 살았다면 상승과 하락을 경험했다는 뜻이다. 이 기간 동안 투자를 하려면 자신이 세운 원칙을 지켜야만 가능하다. 그게 아무리 개똥철학이라도 그렇다. 아직까지 한국에서 투자 원칙을 제대로 다룬 책은 없다. 대부분 투자방법을 알려줄 뿐 투자 원칙이나 철학에 대해 알려주지 않았다.

그런 면에서 내가 쓴 『후천적 부자』는 그나마 근사치에 가깝지만 투자방법을 알려주는 책들에 비해 인기가 다소 적다. 그나마 다행히도 읽은 사람들의 만족도가 높아 저자로서 보람을 느낀다. 다행히 번역서 중에는 투자 철학을 알려주는 책이 꽤 있다. 그중에서 『투자에 대한 생각』의 저자 하워드 막스는 투자 기간이나 원칙을 지킨다는 면에서 배울 점이 많다. 이 책은 투자자라면 고민해 보고 지켜야 할 20가지의 원칙을 소개하고 있는데, 다음과 같다.

20가지의 원칙

1. 심층적으로 생각하라.
2. 시장의 효율성을 이해하라.
3. 가치란 무엇인가?
4. 가격과 가치 사이의 관계를 이해하라.
5. 리스크란 무엇인가?
6. 리스크를 인식하라.
7. 리스크를 제어하라.
8. 주기에 주의를 기울여라.
9. 투자시장의 특성을 이해하라.
10. 부정적 영향과 맞서라.
11. 역투자란 무엇인가?
12. 저가 매수 대상을 찾아라.
13. 인내심을 가지고 기회를 기다려라.

14. 내가 아는 한 가지는 내가 모른다는 것이다.

15. 우리가 어디에 있는지 파악하라.

16. 행운의 존재를 가볍게 보지 마라.

17. 방어적으로 투자하라.

18. 보이지 않는 함정을 피하라.

19. 부가가치를 창출하라.

20. 모든 원칙을 준수하라.

이 모든 원칙을 전부 지켜야 하는가에 대해 의문이 들 수도 있지만 이 책은 지켜야 할 원칙을 20가지로 알려준다. 그럴 수밖에 없는 것이 투자는 만만해 보이지만 무척이나 어렵기 때문이다. 가면 갈수록 투자는 더 어려워진다. 차라리 멋모르고 할 때가 낫다. 알아야 할 것은 더 많아지고 상황에 따라 고민해야 할 것은 늘어난다. 결국 마지막에 살아남으려면 원칙을 꾸준히 잘 지켜야 할 것이다.

항상 사람들은 오를 것을 찾는다. 저자는 그러는 것이 시간 낭비라고 말한다. 그보다는 싼 것을 매입하기 위해 노력하는 것이 훨씬 중요하다고 말한다. 이것이 바로 안전마진이라는 개념이다. 상승할지의 여부는 사실 고수라 해도 섣불리 예측할 수 없다. 상승기에는 가격이 오를 수밖에 없는데 주식이든 부동산이든 비싸게 산다면 나중에 후회하게 된다. 싸게 사는 것이 최고로 좋지만 그것이 싸게 산 것인지를 알아보는 훈련을 해야 한다. 그것을 볼 줄 아는 눈이 필요하다.

그러기 위해서는 2차적 사고가 필요하다. 이것은 통찰력이 있어야 할 수 있다. 대부분의 사람들은 눈앞에 보이는 것만 본다. 왜 그런 일이 일어났는지를 모색하고 앞으로 어떻게 될 것인지를 고민해야 한다. 이런 훈련을 해야만 투자할 자산이 저렴한지를 파악할 수 있다. 다시 말하지만 상승할 것을 사는 것보다 싸게 사는 것이 더 중요하다. 아무리 좋은 자산이라도 비싸게 사면 결국에는 실패한 투자가 된다.

많은 사람들이 좋은 것을 사려다 오히려 비싸게 사고 후회하는 경우가 많다. 사람들이 그다지 선호하지 않아도 저렴하게 산다면 충분히 수익을 낼 수 있다. 그렇기에 자산은 언제나 쌀 때 사야 좋다. 좋은 것이 결코 좋은 것은 아니다. 이 점을 간과한다면 큰 대가를 치르게 된다.

이 책은 투자 리스크를 낮추기 위해서라도 싸게 매입해야 한다고 말한다. 리스크는 돈을 잃을 가능성이다. 투자의 세계에서는 리스크가 따른다. 저자는 이 리스크에 대처하는 것이 투자의 필수요소라고 강조한다. 저자는 리스크에 대처하는 원칙을 다음과 같이 정리했다.

첫째, 얼마만큼의 리스크가 존재하는지, 그 리스크를 감수할 수 있는지 판단하라.

둘째, 잠재 수익뿐만 아니라 그에 수반하는 리스크를 직시하라.

셋째, 투자를 하면서 감수했던 리스크를 반드시 평가하라.

수익만 생각하는 투자자는 잠시잠깐 살아남지만 언젠가는 사라진다. 투자자라면 리스크를 제어해야 한다. 대부분의 사람들이 낙관할 때 리스크는 커진다. 리스크가 커질수록 제어하기가 힘들어진다. 리스크를 회피하면 수익마저도 줄어든다. 리스크를 잘만 제어하면 꾸준한 수익을 낼 수 있다.

끝으로 자산시장에는 주기가 존재한다. 바로 인간이 관계되었기 때문이다. 인간의 환호와 공포 등은 언제나 자산을 과도하게 밀어 올리거나 내려가게 만든다. 한마디로 자산시장의 시계추는 언제나 양극단으로 간다. 고장 나지 않는 한 중간에 멈추지 않는다. 이 점을 명심하고 투자한다면 분명히 좋은 결과를 얻을 것이다.

이 책은 초보 투자자라면 처음 접하는 용어가 많아서 다소 어렵게 느껴질 수 있다. 하지만 주옥같은 내용이 많다. 그러니 좋은 책이다.

06

주식투자 고전 쉽게 읽기, 『현명한 투자자 2 해제』

　대개 철학과 경제학 등 고전에는 해제본이 있다. 원전만 읽으면 이해하기 힘든 책의 경우 해제본이 있는 것이다. 해제본에는 장단점이 존재한다. 어려운 내용을 쉽게 풀어 이해도를 높인다는 점은 좋다. 반면에 해제를 쓴 사람이 이해한 내용을 담은 책이므로 원전이라고 할 수는 없다.

　『논어』의 해제본이 출간되었듯이 벤저민 그레이이엄의 『현명한 투자자』의 해제본도 나왔다. 바로 『현명한 투자자 2 해제』이다. 『현명한 투자자』는 한국에서 2007년에 처음 출간되었는데, 2016년에 초판의 내용에 덧붙여 제이슨 츠바이크의 논평을 실은 개정판도 나왔다. 그리고 이번에 이 책의 해제본이 나왔는데, 한국에서 투자 책의 해제본이 나온 것은 처음인 듯하다. 그만큼『현명한 투자자』는 주식투자를 배우기 위해 읽어야 할 필독서이다.

『현명한 투자자 2 해제』를 쓴 사람은 신진오다. 그는 일찍이『Value Timer의 전략적 가치투자』를 썼다. 이 책은 현재 절판되었다. 나는 1쇄를 갖고 있는데 현재 이 책은 7만 7천 원에서 15만 원까지 중고가격이 형성되어 있다. 이 책은 한국에서 출간된 자산배분과 관련된 거의 최초의 책이 아닐까 싶다. 주식과 관련된 좋은 내용을 담고 있는데 왜 절판되었는지 모르겠다. 여하튼 이번에 신진오가 쓴『현명한 투자자 2 해제』를 읽어보니 이 책으로 대신해도 되지 않을까 싶다.

이 책은『현명한 투자자』를 근거로 쓴 책이다. 원전의 내용을 근거로 저자의 해설과 생각을 덧붙인 책이다. 책의 3분의 1 정도는 자산배분에 대한 내용을 소개하고 있다. 정작 원본에는 자산배분이 그다지 중요한 분량을 차지하지 않았는데, 그런 점에서 원전과 많이 다른 것이다. 저자는 자산배분과 관련된 내용을 상당히 큰 비중을 두어 자세히 설명하고 있다. 그럴 수밖에 없는 것은 다양한 조건을 설정해 이를 테스트하고 있기 때문이다. 또 실제 성과도 보여주고 있다.

주식과 채권 비중을 어떤 식으로 할 것인지부터 우량 회사를 매수해 적당한 분산으로 보유하고 있는 것까지, 다양한 조건으로 어떤 결과가 나왔는지를 실제 성과를 보여주고 있어 실전투자에 도움이 된다. 단순히 저자의 백테스트뿐만 아니라 다른 책의 저자가 했던 것까지 끌어들여 설명한다. 저자는 한국의 실정에 맞는지의 여부를 조사하기 위해 한국 저자의 다른 책까지 곁들여 설명한다. 또 오랫동안 반복적으로 재투자한다면 충분히 성과를 낼 수 있음을 보여준다. 이 책은 이와 관련된 부분을 무척 중요하게 다루고 있는데, 핵심은 『현명한 투자자』를 현대적 관점으로 설명한 것이다.

이 책은 『현명한 투자자』의 내용 중 일부를 발췌하고 소개하고 있는데, 원전을 페이지 순서대로 소개하지 않았다. 저자가 정한 주제에 맞게 원전의 순서와는 다르게 소개한다. 또 원전의 내용뿐만 아니라 여러 책의 내용까지 발췌해 함께 알려주고 있다. 그런 면에서 저자의 박식함이 드러난 책이다.

나 역시 책을 쓰는 저자인지라 책 한 권에 여러 책의 내용을 함께 소개하는 것이 무척이나 어렵다고 생각한다. 여러 책의 다양한 내용을 하나의 주제를 설명하기 위해 소개했으니 더욱 어려웠을 것이다. 그런 점에서 이 책은 원전보다 더 좋을 수 있다. 원전을 직접 읽으면 해당 시대를 알아야 하고 용어도 현재 쓰는 것과 달라서 이해하는 것이 쉽지 않다. 반면에 이 책은 한국인이 썼다. 그것만으로도 읽기에 어렵지 않은데 현재 한국의 상황에 맞는 내용을 많이 실었다.

그러니 오히려 『현명한 투자자』보다 이해하기 쉽고 읽는 재미도 크다. 무엇보다 이 책의 가장 큰 장점은 바로 주식용어를 자세히 설명

부의 공부법

한 것이다. 주식용어의 의미를 설명하고, 더 나아가서 그와 관련된 상식까지 설명하고 있다. 원전은 미국 기업을 소개하는데, 그것도 최근 기업이 아니라 수십 년 전의 기업을 소개했는데, 이 책은 이러한 점을 적절히 보완했다.

무엇보다 PER(Price Earning Ratio, 주가수익비율)와 EPS(Earning Per Share, 주당순이익)가 아니라 좀 더 확실하게 기업의 적정 주가와 주식의 가치를 평가하는 방법을 쉽게 풀어 알려준다. 현대적인 관점에서 이에 대해 설명하니 훨씬 더 쉽게 이해할 수 있다. 또 이 책은 정량적인 방법에 좀 더 치중한다. 기업을 제대로 분석하는 것이 정성적인 방법인데, 그보다는 숫자로 기업의 적정 주가를 산정하는 방법을 알려주는 것을 택하지 않았나 싶다.

아마도 『현명한 투자자』를 읽고 막상 한국 주식시장에 적용하려면 좀 막막한 느낌이 들 것이다. 단순히 숫자만 갖고 대입하기도 애매하다. 그런 면에서 이 책은 숫자는 물론이고 해당 기업을 어떤 식으로 바라봐야 할 것인지도 알려주고 있다. 실전투자에 관심 있는 사람들은 이 책을 읽으면 큰 도움이 될 듯하다. 자산배분에 대한 이야기도 최근에 주목받는 퀀트를 접목한 투자를 하려는 사람에게도 도움이 될 듯하다.

07

투자처 선별하는 안목 기르기, 『통섭과 투자』

마이클 모부신은 좋은 책을 여러 권 썼다. 그의 책들은 대부분 좋았다. 그런데 이 책 『통섭과 투자』는 좀 의아스럽다. 책이 출판된 것은 2006년인데 10년이 지나서 한국에 소개되었으니 말이다. 안타깝게도 좋은 책은 국내에 소개가 덜 되는 것 같다. 뿐만 아니라 사람들이 그다지 구입하지도 않는다. 그저 이렇게 하면 돈을 벌 수 있다는 책만 잘 팔린다. 다소 허황된 소리를 하지만 욕망을 자극하는 책 말이다.

오랜 시간이 지나도 여전히 그 가치가 훼손되지 않을 책은 안타깝게도 베스트셀러 순위에 겨우 든다. 높은 순위는 꿈도 꾸지 못한다.

고리타분하고 어렵게 느껴지기 때문인 듯싶다. 사실 이 책을 읽으면 그런 느낌이 살짝 들긴 하지만 책 내용이 워낙 좋으니 투자자라면 꼭 읽을 필요가 있다.

이 책의 대부분은 주식투자에 대해 설명하고 있다. 하지만 그 외의 분야에 투자하는 사람에게도 유용한 책이다. 투자 철학과 원칙은 물론이고 투자처를 찾아내는 좋은 방법도 담고 있다. 이 책은 제목만으로도 좋은 책이라는 것을 알 수 있다. 통섭은 '깊고 좁다'와는 반대다. 오히려 '넓고 얇다.' 특정 분야에 대해 깊이는 없을지라도 넓은 분야를 골고루 조금씩 잘 알고 있으면 통섭이라 할 수 있다. 여기서 그친다면 아무것도 아닐 수 있지만 이를 토대로 다양한 분야를 엮을 수 있는 능력이 있으면 된다.

깊게 파고들어 한 분야에서 남들에게 존경받는 것도 좋지만 이제는 세상이 달라졌다. 워낙 복잡한 세상에서 살고 있으니 특정 분야만 잘 안다고 세상 돌아가는 것을 알기는 쉽지 않다. 여러 가지 현상이 뒤섞여 우리 앞에 나타나므로 다양한 분야를 골고루 알아야 한다. 특히나 투자와 관련해서는 더더욱 그렇다. 투자자라면 어느 한 가지만 볼 것이 아니라 통섭적 투자가 필요하다.

통섭적 투자에서 중요한 것은 기댓값이다. 책에서는 기댓값을 무척 중요하게 여기고 설명을 길게 한다. 투자에서 중요한 것은 해당 투자처가 얼마나 기댓값을 갖고 있느냐다. 이에 따라 우리가 투자하는 비율을 정할 수 있다. 또한 향후 얼마나 성장할 것인지의 여부도 기댓값을 갖고 예측해야 한다. 가장 좋은 때는 해당 분야나 기업이 사업 초창기일 때다. 이때 매수하면 가장 높은 수익을 올릴 수 있다. 물론 그것이 힘들기 때문에 문제다.

대부분의 투자자들은 해당 기업이 어느 정도 성장을 멈추는 시점에 투자한다. 아니면 성장이 거의 끝나갈 무렵에 투자한다. 이때부터 실질적으로 주가는 상승하지 못한다. 모든 기업은 상승하는 특정 시기가 있다. 이때 보유하고 있지 않으면 아무런 의미가 없다. 전통적인 가치투자 관점에서는 해당 기업을 매수하지 못하는 경우가 많다. 투자의 역사를 알아보는 것도 중요하지만 참고할 사항이지 미래를 결정할 중요한 요소는 아니다.

투자자들의 대부분은 과거 데이터를 근거로 해당 기업을 분석한다. 최소한 그 정도는 알아야 한다고 생각하기 때문에 그렇다. 하지만 정작 과거와 상관없이 기업의 가치는 변동한다. 해당 기업의 주가가 평균은 할 것이라 기대하지만 주식 그래프는 정규분포(평균값을 중심으로 하여 좌우대칭인 종 모양을 이루는 것) 곡선대로 움직이지 않는다. 오히려 프랙탈(작은 구조가 전체 구조와 비슷한 형태로 끝없이 되풀이하는 구조)처럼 작은 곡선들이 반복적으로 큰 곡선과 비슷하게 움직인다. 과거는 참고만 할 뿐 잊어야 한다. 투자자라면 언제나 미래를 봐야 한다.

대체적으로 미래 가치는 미래에 발생할 현금 흐름을 현재로 당겨

계산한 것이다. 미래에 얼마나 벌 수 있을지를 알려면 해당 분야가 얼마나 성장성이 있는지를 고려해야 한다. 좋은 회사라도 해당 분야의 전망이 안 좋으면 기업의 실적은 줄어들고 주가는 떨어진다. 다우지수가 생긴 이후 지금까지 살아남은 회사는 단 하나도 없다. 그나마 GE가 계속 남아 있었는데 최근에 탈락했다.

대체적으로 주가는 해당 기업의 실적에 따라 움직인다. 주가가 안 좋아도 지속적으로 실적이 좋으면 상승한다. 아무리 장밋빛 전망이 가득해도 실적이 안 좋으면 떨어지게 마련이다. 그럼에도 이러한 공식이 항상 일치하는 것은 아니다. 실적이 나빠도 주가가 상승하기도 한다. 이것은 해당 기업의 주가가 기댓값에 따라 움직이기 때문이다. 아무리 실적이 좋아도 해당 기업을 바라보는 사람들의 기댓값이 적으면 상승하지 않는다.

그렇기에 당장 실적이 안 좋더라도 향후 실적이 좋아질 것으로 기대되는 회사를 찾으면 가장 높은 수익률을 올릴 수 있다. 그러기 위해서는 다양한 분야를 통섭적으로 알아야 한다. 복잡한 세상에서 복잡계(complex systems, 구성성분 간의 다양하고 유기적 협동현상에서 비롯되는 복잡한 현상들의 집합체) 이론은 갈수록 힘을 발휘한다. 대체적으로 성공하려면 운도 따라야 하는데, 성공을 연속적으로 이루려면 기량까지 갖춰야 한다.

이 책의 후반에는 한국어판 감수자인 신진오와 서태준이 쓴 '찰리 멍거처럼 정신적 격자 모형 구축하기'가 부록으로 실려 있다. 이 부록은 읽기 쉽고 보기 편하게 되어 있는데, 핵심을 정리해서 알려주고 있다. 현재 주목받는 투자와 관련된 다양한 이론을 여러 가지로 알려준다. 오늘날은 융합의 시대이고, 투자 역시 다양한 분야를 접목해 발전하고 있다. 이 책 역시 그와 관련된 내용을 소개하고 있다.

끝으로 이 책은 처음부터 읽지 않고 뒤에서부터 읽어도 된다고 말한다. 어느 부분이든 자신에게 적합한 부분부터 읽으면 된다고 말하는 것이다.

08

실패를 줄이는 법,
『투자 대가들의 위대한 오답 노트』

　투자는 결코 쉽지 않다. 처음에는 엄청난 희망과 기대로 설렌다. 투자로 금방이라도 큰돈을 벌 것 같은 환상(?)에 사로잡힌다. 이런 환상이 얼마나 터무니없는 것인지 투자를 해보면 금방 깨닫는다. 투자는 실수의 연속이다. 실수를 안 하면 참 좋겠는데 그게 힘들다. 실수라면 그나마 괜찮다. 실수를 넘어 실패를 하는 경우도 많다. 실패를 줄이는 것이 최선이지만 그럴 수 없다면 적게 하는 것이 차선이다.

　간혹 투자자 중에는 실패한 적이 없다는 사람이 있다. 이런 이야기를 하는 투자자는 위험하다. 그가 하는 말은 거짓말이거나 허장성세

일 가능성이 크다. 정말로 그가 실패를 한 적이 없다면 더 위험하다. 그는 엄청나게 큰 실수를 하기 위한 에너지를 축적 중인 셈이다. 실패한 적 없는 투자자는 걷잡을 수 없는 큰 실패를 하게 된다. 차라리 작은 실패를 맛보는 것이 훨씬 더 이롭다. 그런 실패가 쌓여야 투자의 세계에서 살아남는다.

큰 실패는 도저히 회복할 수 없는 나락으로 빠지게 한다. 실패는 누구나 반드시 할 수밖에 없다. 내가 '반드시'라고 표현한 것은 그만큼 실패에서 자유로운 사람은 없기 때문이다. 실패 이후에 어떻게 행동하느냐가 중요이다. 바로 그 점이 성공한 투자자와 그저 그런 투자자(이런 사람을 '투자자'라 일컬을 필요는 없다.)의 차이점이다.

실패 이후에 또다시 아무렇지도 않게 투자하는 사람이 바로 성공한 투자자다. 대부분의 사람들은 실패 이후에 투자를 포기해 버린다. 자신에게 맞지 않는다고 말하며 투자의 세계에서 떠나버린다. 그런 면에서 성공담도 중요하지만 실패담도 중요하다. 우리는 성공담에 열광하고 환호하지만 그 뒤에 감춰진 실패를 반면교사로 삼아야 한다. 투자로 엄청난 성공을 거둔 사람들도 실패를 겪었다. 우리는 성공담에만 몰두하지 말고 실패담도 새겨들어야 한다.

마이클 배트닉의 『투자 대가들의 위대한 오답 노트』는 성공이 아닌 실패에 집중한 책이다. 이 책은 이름만 들어도 아는 투자자들을 소개한다. 우리에게는 다소 낯선 해외 투자자들도 있지만 관련 책을 읽었거나 관심이 있었다면 대부분 친숙한 인물들이다. 책에 소개된 투자자들이 실패했다는 사실이 믿기지 않지만 그들도 인간이다. 인간은 누구나 똑같다. 실패도 하고, 성공도 한다. 실패를 최소화하는 것이 중요하다. 그래야 다시 일어설 수 있다.

책에서 소개하는 투자자들 중에는 실패를 딛고 일어서지 못할 정도로 엄청나게 실패해 청산된 경우도 있다. 대표적인 사례가 LTCM(Long-Term Capital Management, 1994년 존 메리웨더가 설립한 미국의 헤지펀드)이다. 존 메리웨더는 역사상 가장 똑똑하고 거만한 투자자가 아니었을까 싶다. 그는 월가의 최대 투자은행이었던 살로먼 브라더스의 총괄 부회장 출신으로 LTCM을 설립했다. LTCM의 파트너와 트레이더는 세계의 석학들이었다. MIT, 하버드대, 런던대 등 유명 대학의 석박사 출신의 학자들로 구성되었으며 전성기에는 두 명의 노벨 경제학상 수상자를 배출하였다. LTCM의 파트너인 로버트 머턴과 마이런 숄스는 블랙-숄스 공식으로 1997년 노벨 경제학상을 받았다. 그들은 자신들이 금융공학적으로 투자 리스크를 확실히 계산하고 조정했다고 주장하며 기고만장했다. 노벨 경제학상 수상자까지 배출한 지식 집단이었던 LTCM은 전성기에 엄청난 수익률을 보였다. 모든 사람이 앞다퉈 펀드에 가입하려 했다. 제발 LTCM에 자기 돈을 넣을 수 있게 해달라고 간청할 정도였다.

하지만 시장은 그들에게 커다란 패배를 선사했다. 단 한 번도 실패한 적이 없던 그들은 딱 한 번의 커다란 실수로 돌이킬 수 없는 실패를 맞았다. 이들의 실패로 심지어 미국 금융이 나락으로 빠질 정도였다.

이 책에는 또 다른 투자자로 미국의 소설가 마크 트웨인도 소개한다. 마크 트웨인은 투자와 관련된 경구를 많이 발표했다. "은행은 화창할 때 우산을 빌려주고 비가 오면 즉시 빼앗아간다"는 유명한 말도 마크 트웨인이 한 말이다. 그는 주식투자를 아주 열심히 했다. 주식투자를 하느라 소설을 몇 년 동안 안 쓸 정도였다. 그는 소설가로는 뛰어났지만 투자자로는 젬병이었다. 수익은커녕 계속 손해만 봤다.

이 책은 제시 리버모어도 소개한다. 그는 개인투자자였지만 한때 미국의 금융을 뒤흔들 정도로 엄청난 부를 얻었다. J. P. 모건이 그에게 도움을 요청할 정도였다. 제시 리버모어는 이미 여러 책을 통해서도 접했는데 그는 지금처럼 데이터가 발달하지 않았던 시기에 촉을 근거로 투자했다. 촉과 함께 개인적 경험을 통한 데이터로 부를 쌓았다. 거래소에서 그를 피할 정도였다. 그는 항상 집중 투자를 하며 다소 모 아니면 도로 투자해서 큰 부를 얻었다.

그러다 몇 번씩이나 모두 잃었다. 그런데도 다시 일어설 수 있던 것은 그의 뛰어난 투자 실력을 믿고 투자금을 지원해 준 사람들 덕분이다. 그럼에도 커다란 실패와 함께 자살로 생을 마감했지만 지금도 전설로 남아 있다.

이 책에는 실수라고는 전혀 하지 않았을 법한 위대한 투자자들의

　　　　　　　　　　　　　　　　　　　　　부의 공부법

실패 사례가 많다. 그들의 성공 사례도 함께 알려주고 있어 솔직히 실패보다 성공에 더 마음을 빼앗기며 읽긴 했다. 이렇게 실패를 알려주는 책이 더 많이 나왔으면 좋겠다.

09

세상의 이치를 파악하는 공부, 『현명한 투자자의 인문학』

어찌 보면 투자는 단순해 보인다. 그냥 사면 된다. 복잡하게 생각할 필요가 없다. 이것저것 따지기보다는 매수하면 그것으로 끝이다. 남은 것은 오르기를 기다리는 일이다. 아니면 오를 것을 매수하고 기다리면 된다. 이렇게 쉬운데 나는 이상하게도 갈수록 어렵다. 처음에는 공부를 했다. 모르니 배워야 했다. 시간이 지나니 어느 정도 알게 되었다. 투자를 병행했다. 수익도 내고 아는 만큼 보였다.

일정 시간이 지나자 또다시 어려움에 봉착했다. 알았던 것이 전부가 아니었다. 모르는 것이 훨씬 더 많다는 것을 깨달았다. 예전에는 쉽게 판단할 수 있었지만 갈수록 더 많은 것들을 고려하고 고민하게 된다. 알면 알수록 혼란에 빠지게 된다. 많이 안다고 반드시 훌륭한 투자를 할 수 있는 것은 분명히 아니다. 좋은 기업이 반드시 훌륭한 수익률을 보장하는 것도 아니다. 뛰어난 실적을 보이는 기업의 주가가 금방 상승하는 것도 아니다.

그렇기에 투자는 항상 어렵다. 실제로 워런 버핏은 독서로 부자 순위를 정한다면 도서관 사서들이 상위권을 차지할 것이라고 말했다. 그렇다면 굳이 많은 지식을 쌓을 필요는 없을까? 결코 그렇지 않다. 워런 버핏은 그 누구보다 많은 지식과 통찰로 세상을 바라본다. 하루 종일 하는 일이라고는 읽기밖에 없다고 한다. 책이든 잡지든 기업 보고서든 아침부터 저녁까지 읽는다. 집에 가서도 계속 읽는다.

투자는 종합예술이다. 아마도 처음 투자할 때는 아무것도 몰라도 전혀 문제되지 않을 것이다. 아니, 오히려 몰라도 된다. 실천이 더 중요하다. 공부를 오래 하는 것보다는 하나라도 더 매수하는 것이 훨씬 더 도움이 된다. 시간이 지나면 스스로 운이 정말로 좋았다는 것을 깨닫게 된다. 막상 알고 나서는 투자를 하려니 이전과 다른 것들이 자꾸 눈에 들어온다. 이를 무시하려니 이제는 과거의 내가 아니다.

공부를 해야 한다. 그리고 어떤 공부를 하느냐가 중요하다. 처음에는 해당 분야의 기초 지식을 쌓는 것이 중요하다. 투자하려는 분야에 대해 아무것도 모르면서 시작하는 것은 위험하다. 그런데 공부를 열심히 했다고 투자성적이 좋은 것이 아니다. 세상을 바라보는 통찰이 그래서 중요하다. 통찰력을 키우기 위해서는 우선 지식을 쌓아야 한다. 아무것도 모르는데 통찰이 생길 수 없다. 하루 종일 생각해도 제자리만 맴돌 뿐이다. 과거에는 아무것도 몰라도 통했을 것이다. 지금은 힘들다. 워낙 복잡다단한 세상이라 힘들다.

나 역시 모르는 분야가 너무 많다. 잠시라도 멍 때리면 호기심이 자꾸만 생긴다. 아무리 생각해도 호기심이 해결되는 것은 아니다. 먼저 배워야만 한다. 해당 분야를 공부한다고 반드시 투자를 잘하는 것은 아니니 여러 분야를 공부해야 한다. 그래서 통찰이 중요하다. 다양한 분야를 공부하고 융합해 통섭하면 통찰, 나만의 뷰가 생긴다.

그렇다면 어떤 것을 배우고 익혀야 할까? 로버트 해그스트롬의 『현명한 투자자의 인문학』에서 소개하고 독려하는 분야는 다음과 같다. 물리학, 생물학, 사회학, 심리학, 철학, 문학, 수학 등이다. 어느 것 하나도 재미있어 보이지 않다. 학교를 졸업한 지가 언제인데 또다시 공부해야 하는가 하는 자괴감이 밀려올지도 모른다. 또 이런 공부들이 투자와 무슨 상관이 있겠냐 싶을 것이다. 하지만 투자와 상관없이 지식의 측면에서도 사실 다 재미있는 분야다. 독서를 하며 다양한 지식을 쌓고 새로운 것에 호기심을 갖게 되면 통찰력이 생긴다.

로버트 해그스트롬은 『현명한 투자자의 인문학』를 쓰는 데 영감을 준 찰리 멍거가 투자하는 데 있어 중요한 개념이라고 이야기한 '격자틀 정신모형'에 대해 소개한다. 격자틀 모형에 대한 글은 다음과 같다.

"우선 다양한 분야의 지식에서 의미 있는 개념과 모형을 취하고 둘째, 그것들 사이에 존재하는 유사성을 찾아낼 수 있도록 끊임없이 학습해야 한다. 첫 번째 것은 스스로 공부하는 문제이고, 두 번째 것은 다른 사람과 다르게 보고 생각하는 법을 배우는 문제다."

나는 투자는 지적게임이라고 생각한다. 게임이라는 표현을 썼지만 내 돈을 걸고 하는 게임이다. 투자 방식으로는 바텀업(Bottom-Up, 상향식 방식이라고도 하며 말 그대로 밑에서 위로 분석을 진행하는 방식이다. 해당 기업이 운영하는 사업이나 경제 전반에 관심을 집중하기보다는 해당 기업의 펀더멘탈에 집중하는 방식이다.)과 탑다운(Top-Down, 하향식 투자라고도 하며 위에서 아래로 분석을 진행하는 방식이다. 업계의 호황 및 시장 트렌드에 따라서 접근하는 방식으로 거시경제의 큰 그림을 먼저 보고 작은 요소들을 보다 세부적으로 살펴보는 투자 분석 접근법이다.)이 있다. 어느 것이 더 좋다고 단언할 수는 없다. 나는 처음에는 무조건 바텀업 방식이 중요하다고 생각했는데 시간이 지날수록 탑다운 방식을 선호하게 되었다. 전체의 큰 그림을 보고 무엇이 중요한지를 파악한 후에 세부적인 것들을 좀 더 살펴본 뒤에 최종투자물건을 선정한다.

결국 세상이 돌아가는 이치를 파악하는 것이 중요하다. 문제는 갈수록 너무 빠르게 세상이 변하니 이를 쫓아가기도 버겁다. 분명히 세상이 변하는 만큼 수익이 생긴다. 쫓아가기보다는 이를 먼저 파악하려고 노력해야 한다. 통섭은 현대 문물을 공부한다고 생기는 것이 아니다. 인간에 대한 관심과 호기심을 가져야 한다. 또 투자는 돈과 관계된 것이니 숫자와 관련된 수학, 통계학도 알아야 한다.

우리는 이 책에서 소개한 분야들을 공부할 수밖에 없다. 저자의 이전 책도 재미있고 유익하게 읽었는데 이 책은 감탄하며 읽었다. 저자가 소개한 분야들은 모두 중요한데, 이를 투자와 잘 연결시켰다. 투자에서 반드시 알아야 할 핵심 개념을 해당 분야의 지식들과 연결해 주니 더욱 흥미롭게 읽을 수 있었다. 심지어 언젠가 이런 책을 한 번 쓰고 싶다는 생각도 들게 되었다. 투자를 할수록 알아야 할 것도 많고 배워야 할 것은 더 많다.

10

데이터를 활용하는 법,
『데이터 읽기의 기술』

투자자라면 데이터를 잘 읽어야 한다. 데이터는 어느 날 갑자기 하늘에서 뚝 떨어진 것은 아니다. 과거부터 항상 데이터는 있었다. 각종 데이터가 곳곳에 넘쳐났지만 이를 제대로 활용하는 방법을 몰랐을 뿐이다. 우리 주변에 온통 데이터가 널려 있다는 사실을 그다지 인식하지 못했다. 데이터는 넘치지만 그것을 데이터로 바라보지 못했다. 그저 개인적으로 쌓은 상식과 지식을 데이터라고 여겼다.

시간이 지나면서 우리 주위에 있는 모든 것을 데이터로 활용할 수 있다는 것을 깨달았다. 이제는 데이터에 대한 우리의 인식이 달라졌다. 빅데이터 등의 발달로 우리 주위의 모든 것을 데이터로 모으게 되었기 때문이다. 나는 빅데이터 관련 전문가가 아니고 그저 책 몇 권 읽은 것이 전부인지라 함부로 말하기는 힘들지만 말이다.

데이터가 가장 필요한 곳은 역시나 기업이다. 기업은 항상 고객에게 어떤 식으로 접근할 것인지가 가장 큰 화두다. 고객이 무엇을 좋아하고, 어떤 식으로 소비하며, 언제 주로 소비하는지 등에 대해 알려고 한다. 과거에는 현장에서 활동하는 사람들의 감에 의해 소비자의 수요를 파악했다. 그들의 감이 결코 쓸모없는 것은 아니지만 데이터에 근거한 시장조사보다 다소 부족한 것이 사실이다. 무엇보다 사람에게는 편견이 있을 수 있으니 데이터를 활용하는 것이 중요하다.

데이터가 있어도 이를 제대로 활용하지 못하면 무용지물이다. 데이터를 볼 때도 편견이 개입될 수 있다. 이를 배제하고 도출된 데이터에서 제대로 된 정보를 읽어야 한다. 차현나의 『데이터 읽기의 기술』은 데이터를 전문적으로 다루는 저자가 데이터를 읽는 법을 알려주는 책이다. 현장에서 경험한 바를 근거로 어떤 일이 있었는지에 대해서도 사례를 통해 보여준다. 이 책에서 가장 중요한 데이터라고 알려주는 것이 있다.

그것은 바로 영수증이다. 실제로 상가투자를 하는 사람들에게 영수증은 무척이나 중요한 도구 중 하나다. 영수증을 통해 해당 상가의 매출을 파악하며 수익성을 파악한다. 이 책은 알려준다. 영수증에 모든 데이터가 들어 있다고. 영수증에는 다음과 같은 정보가 들어 있다.

매장이 어디인가.

구매자는 누구인가.

제품은 무엇인가.

쿠폰은 몇 개인가.

멤버십을 갖고 있는 사람인가.

경제수단은 무엇인가.

언제 제품을 구입했는가.

구입가격은 얼마인가.

이에 따른 매출을 파악해야 한다. 흔히 말하는 육하원칙에서 '왜'를 제외한 모든 것이 담겨 있다. 왜와 관련된 것은 영수증을 보고 직접 데이터를 해석하는 사람에게 달려 있다. 단순히 남성인지, 여성인지는 중요하지 않다. 연령대도 중요하지 않다. 이를 테면 A형은 전부 소심하다고 접근하면 엄청난 오판을 하게 된다. 같은 나이라도 각자 취향은 완전히 천차만별이다. 데이터를 해석하는 것은 이렇게 단순하지 않다.

중요한 것은 데이터를 해석하는 것이다. 아마존은 구매 고객의 연령대와 성별보다는 어떤 책을 구입했는지를 중요하게 여긴다. 또 해당 고객이 어떤 책을 주로 클릭했는지에 대한 데이터를 전부 모은다. 그 후에 해당 고객이 구입한 책과 자주 본 책의 분야를 알아본 후에 비숫한 성향의 사람들에게 같은 책을 추천한다.

이런 방식으로 넷플릭스도 성공했다. 넷플릭스에서 드라마나 영화를 보면 나에게 작품을 추천하는 경우가 있다. 넷플릭스는 수많은 데이터를 모으고 검증한 끝에 고객이 선호하는 장르와 작품을 파악한다. 그에 맞게 관련된 작품을 추천하는데, 이는 데이터 알고리즘을 활용한 것이다. 이처럼 최근에는 고객의 행동에 따른 데이터의 패턴을 분석해 마케팅에 활용하는 기업이 늘고 있다.

이 책은 너무 전문적이지도 않고 다소 에세이 비슷하게 이야기를 들려준다. 우리 주위에 데이터는 넘치고 지금 이 순간에도 계속 쌓이고 있다. 투자자라면 경제지표를 비롯해 각종 통계자료의 데이터를 활용해 판단해야 한다. 투자자에게 데이터 읽기가 필요한 이유다.

11

투자를 위한 금리 공부,
『나의 첫 금리 공부』

부자들만 쓰는 비밀의 언어가 있을까? 고대에는 부자들만 쓰는 비밀의 언어가 있었다. 바로 금리이다.

투자자라면 금리를 꼭 알아야 한다. 금리를 알면 대출받을 때뿐만 아니라 실생활에도 도움이 된다. 그런데 정작 금리를 이해하는 것이 쉽지 않다.

금리는 부자의 언어이고, 부자가 되기 위해 꼭 알아야 하는 것이다. 금리는 경제는 물론이고 사회 전반에 엄청난 파급효과를 미친다. 이렇게 중요한데 대부분 금리의 무서움과 대단함을 잘 알지 못한다. 금리가 달라지면 당장 피부로 와 닿지 않는다. 꽤 시간이 흐른

후에 직접 피부로 느낄 때는 이미 금리가 상당부분 영향을 미친 이후다. 금리는 자본주의 사회의 모든 것을 움직이고 절대적인 영향을 끼친다.

금리가 오르고 내리는 것에 따라 대출금리가 오르고 내리는데, 금리를 알면 대출금리뿐 아니라 돈의 흐름을 알 수 있다. 금리가 내릴 때는 대체적으로 경기가 안 좋다. 금리가 오를 때는 대체적으로 경기가 좋다. 부자들은 금리에 따라 자신의 돈을 이동시킨다. 금리가 내릴 때는 경기가 안 좋으니 자산을 저렴한 가격에 매수할 기회다. 더구나 낮은 금리로 대출받을 수 있으니 이보다 좋을 수는 없다.

하지만 어디 그게 말처럼 쉽겠는가? 경기가 안 좋으면 생존하기도 힘들다. 더구나 두려움에 빠져 과감하게 행동하지도 못한다. 이럴 때 부자가 움직인다. 시간이 지나 다시 경제가 좋아지면 서서히 금리가 오른다. 금리가 오르면 경기가 좋아지는 것은 물론 자산가격도 상승한다. 이때 부자는 비싼 가격에 처분한다. 또 그렇게 하지 않아도 괜찮다. 워낙 저가에 매수했기에 손해 보지 않는다.

이런 식으로 금리에 따라 상당히 오랜 시간에 걸쳐 투자하는 사람들이 부자다. 그들의 투자 방식은 일반인과 다르다. 기껏해야 몇 년 정도를 바라보고 매수와 매도를 결정하는 일반인과 달리 부자는 훨씬 더 길게 내다본다. 항상 금리에 따라 판단을 내린다. 금리에 대해 공부하는 것은 쉽지 않지만 반드시 해야 할 공부다. 이토록 중요한 금리지만 대부분 그 중요성을 잘 모른다. 금리의 중요성을 깨달아야 큰 흐름을 볼 줄 안다.

금리에 대해 공부하려면 역시나 독서가 가장 좋다. 금리에 대해 알려주는 책은 의외로 적다. 금리에 대해 알려주는 좋은 스승은 채권을 다루는 사람들이다. 이들은 금리에 매우 민감하게 반응한다. 아주 적은 이율에도 수익이 달라진다. 채권은 주식보다 훨씬 큰 금액을 운용해서 금리가 조금만 높아져도 수익금이 장난 아니다. 금리에 대해서는 이들이 가장 잘 알고 있는데, 채권시장뿐만 아니라 경제 상황까지 살펴야 하느라 바빠서 이들은 책을 쓰지 않는다.

염상훈의 『나의 첫 금리 공부』는 채권투자 전문가가 쓴 책이다. 이 책의 저자는 채권 전문가이다. SK증권, 아이엠투자증권, 부국증권, 메리츠종금증권을 거쳐 지금은 리딩투자증권에서 채권 전문가로 일하고 있다. 그는 금융시장의 주축인 금리와 채권시장에 대해 친절히 알려주는 책은 없다고 생각해 『금리의 역습』을 썼는데, 이 책은 그 책의 개정판이다.

사실 금리에 대해 배우는 것은 그리 만만하지 않는데, 이 책은 일반인의 눈높이에 맞춰 금리에 대한 상식을 알려주고 있다. 다양한 사례와 함께 알려주고 매 챕터마다 다시 한 번 복기하고 있어 반복학습이 되는 장점도 있다.

이 책의 장점 중 하나는 금리를 단순히 경제적인 상황과 관련해 설명하는 데 그치지 않고 투자와 접목해서 알려준다. 금리를 신용과 연결한 것도 그렇다. 금리는 신용과 무슨 상관이 있을까? 개인이 돈을 빌릴 때는 은행 등 기관에게 빌리거나 개인에게 빌리는데, 이 경우 금리가 다르다. 기관이 개인에게 빌려줄 때보다 개인이 개인에게 빌려줄 때는 훨씬 고금리로 빌려준다. 개인에게 빌린다는 것은 그만큼 급하다는 것인데, 신용등급이 낮으면 1금융권 신용대출이 힘드니 급한 대로 고금리의 저축은행 등에서 신용대출을 받는 것이다.

이렇게 신용이라는 관점에서 금리를 설명한 것은 다른 책에서는 보지 못한 듯하다. 게다가 이 책은 할인율의 개념도 알려준다. 할인율은 투자를 하기 위해 꼭 알아야 할 개념이다. 할인율은 수익률과 관계되는데, 주식이든 부동산이든 할인율을 고려해 투자 대상을 바라보고 투자 여부를 결정해야 훨씬 더 안정적인 수익을 올릴 수 있다. 아쉽게도 대부분의 투자자는 이런 식으로 매수 결정을 하지 않는다. 그러니 금리 공부는 필수다.

이 책은 단순히 금리를 알려주는 데 그치지 않고 최근 벌어진 경제 상황을 소개하며 금리가 어떤 식으로 경제에 영향을 미치는지에 대한 궁금증을 하나씩 자문자답으로 알려준다. 그러다보니 금리에 대해 기초부터 하나씩 알려주지 않고 다소 중구난방으로 알려주는 것도 같다.

많은 사람들이 경제를 공부하고 싶어 하는데 다소 막막해한다. 금리를 공부하면 경제도 공부할 수 있다. 자본주의 사회에서 금리와 경제는 불가분관계이기 때문이다. 그렇기에 어려워도 배워야 한다.

12

투자를 위한 환율 공부,
『환율의 미래』

간혹 책을 읽고 리뷰를 쓸 때 아무 생각도 떠오르지 않을 때가 있다. 정말로 즐거운 마음으로 배우면서 읽었는데도 그럴 때가 있다. 홍춘욱의 『환율의 미래』를 읽을 때가 그랬다. 아마도 혹시나 내 리뷰가 누군가에게 누가 될까 하는 걱정 때문일 것이다. 환율은 정말로 어렵다. 그럼에도 우리는 그 중요성을 깨닫지 못하고 있다. 대부분의 사람들은 별로 신경을 쓰지 않는다. 투자를 하는 사람들 중 환율을 눈여겨보지 않는 경우가 많다.

환율에 관해서는 내가 쓴 책 『부동산의 보이지 않는 진실』에서도 아주 기초적인 내용만 언급했는데, 사실 내가 알고 있는 환율 관련 지식은 『환율의 미래』의 저자 홍춘욱 씨에게 배운 것이다. 나는 꽤 많은 환율 관련 책을 읽었지만 저자의 블로그인 시장을 보는 눈(http://blog.naver.com/hong8706)을 통해 제대로 다시 배우게 되었다. 그 후에 늘 불만을 가졌다. 나는 분명히 '달러/원'인 직접표시법을 써야 한다고 배웠는데 언론 등에서는 '원/달러'라고 표현한다. 아마도 자국 우선주의가 반영된 표현이 아닐까 싶은데 여기서부터 환율을 이해하는 데 어려움이 생긴다.

달러를 고정으로 한국 화폐인 원의 움직임에 따라 "환율이 상승했다", "하락했다"고 표현해야 비로소 이해할 수 있을 텐데 '달러/원'이 아니라 '원/달러'로 표시하며 설명을 반대로 하니 가뜩이나 어려운 환율이 더 어렵게 느껴진다. 그런 면에서 이 책은 명확하고도 확실하게 용어정리부터 한다. 물론 내 생각에 이 책도 쉬운 책은 아니다. 최소한 경제와 환율에 대해 공부한 사람은 어렵지 않게 읽을 수 있지만 그렇지 않은 사람들은 다소 어려움을 느낄 수 있다. 그런 점을 우려했는지 저자는 지속적으로 '환율 상승'과 '환율 하락'에 대한 부연설명을 해준다.

나는 저자인 홍춘욱 씨의 강의를 들었다. 그는 자신이 한국에서 최초로 인구론에 대해 언급했다고 고백했다. 그런데 그 후에 과도한 인구론에 따른 폭락을 외치는 사람들이 등장해서 난감(?)하다고 했다. 실제로 2000년대 후반에 외국에서 번역된 인구에 따른 폭락론을 펼치는 책을 읽고 인구와 관련된 책을 2권 읽었는데 그중 한 권이 홍춘 욱 씨의 책이었고 당시에 저자의 강연도 들었다. 폭락론이 이토록 강력한 영향을 사회에 미칠 것이라고는 누구도 예상하지 못했을 것이다.

인간에게는 손실회피본능이 있다. 인간은 손실에 더 민감하고 즉각적인 반응을 보인다. 인간은 그렇게 구조화되었고 천성과 태성이 그렇다. 이러니 폭락에 더 공포를 느끼지만 편안함(?)도 느낀다. 어차피 아무것도 하지 않았는데 더더욱 아무것도 하지 않아도 된다는 믿음이 생긴다. 어차피 해도 안 될 것을 군이 노력해야 할 필요성을 느끼지 못한다. 이 문제는 환율과도 관련 있다. 왜냐하면 세계경제의 바로미터가 바로 환율이기 때문이다.

투자를 좀 안다고 하는 사람들도 통화승수(현금과 예금의 합인 통화량을 중앙은행이 공급하는 현금통화인 본원통화로 나눈 값으로, 중앙은행이 본원통화 1원을 공급할 때 창출되는 통화량을 나타내는 지표) 같은 것만 중요하게 여길 뿐 환율이 우리 삶과 경제에 미치는 영향력을 간과한다. 그럴 수밖에 없는 이유는 통화량이 늘어나는 것이 현실적으로 힘들고 그나마 통화승수가 환율에 비해 파악하기도 쉽기 때문이다. 환율은 무척 복합적이다. 크게 볼 때 미국, 유럽, 일본이라는 큰 축이 벌이는 다양한 헤게모니에 따라 변하기도 한다.

이 점을 고려해 경제를 바라보는 사람이 드물다. 문제는 힘들면 힘들다고 고백하고 이해하기 위해 노력해야 하는데 마치 자기가 모든

부의 공부법

것을 알고 있다는 듯 사람들을 현혹시키는 사람도 있다. 그런 사람은 자신의 주장과 부합한 데이터와 통계를 들이밀며 사람들에게 설명한다. 게다가 워낙 스토리텔링이 뛰어나서 사람들에게 잘 먹힌다.

이 책의 저자인 홍춘욱 씨는 '시장을 읽는 눈'이라는 블로그에 '채훈아빠'라는 닉네임으로 글을 쓰고 있는데, 얼마 전에는 '채훈우진아빠'로 닉네임을 바꾸었다. 그는 블로그를 개설하기 전에 '홍춘욱의 시장을 보는 눈'이라는 개인 홈페이지를 운영했는데, 나는 이때부터 그를 눈여겨보았다.

나와 마찬가지로 많은 사람들이 '시장을 읽는 눈'을 통해 많은 것을 배웠을 것이다. 그는 끊임없이 균형 잡힌 시선으로 경제를 통찰하는데 다른 블로거들과 달리 제도권에서 이코노미스트로 근무하고 있으니 더욱 신뢰(?)할 수 있었다.

『환율의 미래』는 그가 이미 블로그를 통해 이야기한 내용들을 담아냈으니, 그의 블로그에 올라온 글을 단 하나도 빼놓지 않고 읽은 사람이라면 솔직히 새로운 것은 없다. 이미 익숙한 내용을 담고 있으니 말이다.

하지만 책으로 읽는 것은 좀 다르다. 우선 어려운 환율에 대해 상당히 쉽게 쓴 것이 최대 장점이다. 한국에서 이 책보다 환율에 대해 쉽게 설명하는 책도 드물고 환율뿐만 아니라 세계경제와 연결된 한국경제까지 파악하게 하는 책은 없다. 또 폭락론을 외치는 사람들에게도 조목조목 반론을 펼치는데, 과연 이 책만큼 논리적이고 설득력 있게 반박할 수 있을까?

얼마 전에 그는 나에게 "우리 둘은 포르노같이 자극적인 책을 쓰지 못한다"고 말했다. 그런 이유로 책이 많이 안 팔린다고 했는데 『환율의 미래』가 출간될 당시에 분야도 아닌 종합 베스트셀러 10위권에 오른 것을 보면서 부럽기도 했지만 놀랍기도 했다. 이 책은 그리 만만하게 읽을 수 있는 책이 아니니 말이다. 그래도 좋은 책을 많은 사람들이 읽었으니 참 좋다. 환율을 알면 세계경제와 한국경제도 보이니 이책을 읽고 환율을 꼭 공부하자.

13

큰돈을 만드는 방법,
『아기곰의 재테크 불변의 법칙』

처음 재테크 공부를 할 때는 입문서를 많이 읽었다. 벌써 10년도 더 지난 예전 일이다. 그 당시에는 관련 책이 많지 않았다. 지금은 거의 읽지 않고 있지만 재테크 입문서는 처음 이쪽 분야에 관심 있는 사람들에게는 큰 도움이 된다. 기본과 기초가 제대로 정립되지 않은 상황에서 각 분야의 세부적인 내용을 다루는 투자 분야 책을 읽는 것보다는 말이다. 우선적으로 전체적으로 큰 틀에서 재테크가 어떤 것이고 어떻게 진행되는지를 알아두는 것이 좋다. 그런 점에서 여러분이 읽고 있는 이 책 『부의 공부법』 역시 도움되지 않을까? 당시에 읽었던 책 중에는 좋은 책도 있었고 별로인 책도 있었다. 시간이 좀 지나니 당시에 읽었던 책 중에 다시 읽고 싶은 책도 있었다. 그런 책 중 하나가 아기곰의 『How to Make Big Money』였다. 이 책은 재테크 입문서로 가장 좋았다. 그런데 이 책이 『아기곰의 재테크 불변의 법칙』이라는 개정판으로 새롭게 출간되었다.

나는 이 책의 저자인 아기곰을 만나기도 했다. 만났다는 표현은 좀 과장이고, 모임에서 잠깐 만나 가볍게 인사만 했다. 당시에 주위에 워낙 사람이 많아서 서로 한마디도 나누지는 않고 인사만 했다. 그 후로도 한두 번 만난 것 같은데 아마도 나를 기억하지는 못하지 않을까 싶다. 이후에 나도 투자 관련 책을 썼으니 시간이 참 많이 지났다.

처음 재테크 공부를 시작할 당시에 읽었던 책 중에 지금도 다시 읽을 만한 책의 저자를 꼽으라면 박경철과 아기곰이라고 말하겠다. 아기곰이라는 닉네임을 책 제목으로 쓴 것만으로도 저자의 유명세가 어느 정도인지 알 수 있다. 그만큼 닉네임만으로도 독자들에게 신뢰를 준다는 뜻이다.

책은 시간이 지나며 새롭게 평가받기도 한다. 좋은 책이 또다시 선택받지 못하는 경우도 있다. 그다지 주목받지 못했던 책이 갑자기 사람들에게 선택받는 경우도 있다. 다른 분야와 달리 실용서적의 경우 이런 일은 매우 드물다. 10여 년 전에 선택받은 책이 또다시 선택받으니 대단한 일이다.

나는 원래 읽은 책을 두 번 읽지는 않는다. 어지간한 책은 한 번 읽고 만다. 개정판이라는 점 때문에 다시 읽었는데, 저자는 이 책의 반 이상을 새롭게 썼다고 한다. 10년이라는 시간이 지나면 어쩔 수 없이 올드해지게 마련이다. 투자 철학을 다루는 책이라면 시간이 지나도 크게 달라지지 않겠지만 부동산 책의 경우 일 년만 지나도 옛날 책이 될 수밖에 없다.

투자 분야에서 많은 전문가들이 나타났다가 사라졌다. 10년 넘게 글을 쓰고 강의하는 사람은 매우 드물다. 부동산 분야만 한정해도 극히 드물다. 최근에 각광받고 있는 전문가들 대부분이 기껏해야 몇 년 전부터 두각을 나타낸 사람들이다. 그들의 투자 경력이 10년 이상일 수는 있어도 대중 앞에서 자신의 존재를 드러낸 것은 5년 미만이다. 심지어 2~3년밖에 안 된 사람도 많다. 투자를 시작한 지도 그 정도이고 말이다.

결코 투자 기간이 짧다고 그들의 투자 실력을 폄하하고 강의 내용을 터부시하는 것은 아니다. 투자 실력도 강의 내용도 그것과는 하등 상관이 없다. 여하튼 10년 넘게 사람들 앞에서 관련 이야기를 끊임없이 하는 것은 대단한 일이다. 10년 넘게 투자자로 살아남은 아기곰은 여전히 사람들에게 중요한 내용을 전하고 있다.

그 누구보다 많은 지식과 경험을 근거로 알려준다는 뜻이다. 그것만으로도 충분히 아기곰이 하는 이야기를 들을 필요가 있다. 무엇보다 지금 부동산 투자를 하는 사람이나 부동산 강의를 하는 사람 중에 아기곰의 글을 읽지 않은 사람은 없을 것이다.

이 책의 옛 제목은 'How to Make Big Money'다. 우리말로는 '큰돈 버는 방법'으로 상당히 거창하다. 저자는 부동산투자 분야의 시조새라 할 수 있다. 부동산투자 분야에서 전문가라 할 수 있는 사람이 드물고 관련 강의가 거의 없던 시절부터 저자는 활동했다. 일반 부동산 전문가들이 썰을 풀어내는 데 그쳤다면 저자인 아기곰은 데이터를 근거로 이야기했다. 그런 면에서 과거부터 지금까지 가장 공신력 있는 부동산 전문가 중 한 명이다.

저자가 책에서 밝혔듯이 그는 추운 겨울에는 미국에 있고 따뜻한 계절에는 한국에 있다. 또한 투자자들 사이에서는 "부동산이 상승기일 때는 아기곰이 활발히 활동한다"는 말이 유명하다.

그는 워낙 오랫동안 부동산 강의를 했기에 그의 영향을 받은 사람도 많고 도움받은 사람도 많다. 예전부터 부동산에 대해 강의했다. 개별 입지에 대해서도 설명하지만 거시적인 관점에서도 데이터를 근거로 알려주었다. 게다가 특유의 글솜씨로 다수의 칼럼을 써서 좋은 정보를 제공하고 있다.

그는 현재 대중에게 인기 있는 부동산 관련 전문가 중 나이가 가장 많지 않을까 싶다. 연륜까지 있으니 강의장에는 항상 많은 사람들로 북적인다. 예전에는 꽤 많은 책을 펴냈지만 최근에는 책을 펴내지 않고 있는데, 개정판으로 다시 쓴 것이 이 책이다.

이 책은 부동산뿐만 아니라 재테크의 전반적인 측면에서 좋은 이야기를 많이 들려준다. 여러 사례는 물론이고 다양한 에피소드도 소개해 읽는 재미도 선사하는 책이다. 이 책은 다소 구수한 말투의 저자의 목소리가 느껴지는 책이다. 윽박지르고 강요하는 대신 다양한 이야기를 들려주며 썰을 푸는 형식이다.

재테크는 어렵다고 하면 어렵고 갈 길도 아주 멀다. 대부분의 재테크 책은 어떻게 가야 할지를 알려주는 대신 "넌 할 수 있다"고 다소 무모하게 호소하는 경우가 많다. 재테크로 처음부터 대단한 수익을 얻기 힘들고 많은 돈을 갖고 시작하는 경우도 드물다. 처음에는 적은 돈을 모으고 불리면서 재테크를 위한 기본 소양(?)을 쌓아야 한다. 이 책은 재테크의 기초에 대해 충실히 알려준 다음에 부동산투자에 대해 알려주는 형식이다.

다른 책에서도 말하지만 이 책은 소득보다 자산이 중요하다고 알려준다. 소득이 높다는 것은 부자가 될 수 있는 요소 중 하나일 뿐 그만큼 많은 돈을 쓸 수도 있다. 그보다는 자산을 늘려가면서 점차적으로 소득보다는 자산형성에 집중해야 한다. 이를 위해서는 분기 또는 반기마다 자산을 파악해 대차대조표를 만드는 것이 좋다.

자신의 현 자산이 어느 정도인지 명확하게 파악하고 순자산이 어느 정도인지 알아본다. 그리고 자신의 자산이 제대로 증식되는지 알아본다. 제대로 잘하고 있다면 분명히 자산이 증식될 것이다. 초반에는 종잣돈을 모아야 하니 금융에 투자하는 비중이 크겠지만 갈수록 부동산에 투자하는 비중을 늘리면서 자산을 증식시켜야 한다.

이후부터는 어떤 식으로 부동산투자를 해야 할지를 알려준다. 부동산투자를 할 때는 향후에 내 부동산을 살 사람이 있을까를 고민하고 매수해야 한다. 교통, 교육, 환경 등을 설명하며 그것들의 중요성을 일깨워주는데, 책으로 확인하면 될 듯하다.

제3부

금융투자,
나에게 맞는 방법을 찾아라

01

주식투자의 역사,
『주식시장은 어떻게 반복되는가』

　　미국에는 전설이 되고 있는 투자자가 꽤 많다. 이미 전설이 된 투자자도 상당히 많다. 이미 고인이 된 필립 피셔나 존 템플턴의 주식투자 수익률은 많은 사람들에게 검증되었는데, 그들은 자기만의 투자방법으로 성공했다. 이 책『주식시장은 어떻게 반복되는가』의 저자인 켄 피셔는 필립 피셔의 아들이다. 주식투자를 대를 이어 하기는 힘들다. 다른 영역도 아니고 투자 영역에서는 대를 이어가는 것이 만만치 않다.

　　투자 수익이 검증되지 않은 상태에서 아버지가 투자하던 펀드를 이어받는 것은 무리다. 단순히 아버지가 갖고 있던 부를 물려받을 수 있다. 켄 피셔는 아버지에게 상당한 부를 물려받은 것만으로도 먹고사는 데 전혀 지장 없었을 텐데 투자마저 잘한다. 게다가 널리 알려진 다른 투자자들과 달리 글도 잘 쓴다. 켄 피셔는 상당히 많은 책을 펴냈다. 더 구나 PSR(주가매출비율, 주가를 주당 매출액으로 나눈 것으로 기업의 성장성에 주안점을 두고 상대적으로 저평가된 주식을 발굴하는 데 이용하는 성장성 투자지표를 말한다. PSR이 낮을수록 저평가되었다고 본다.)이라는 새로운 지표를 만들어 시장에 개념을 정립했다.

이 책 원서의 출판연도를 보니 2012년인데 한국어판은 뒤늦게 나왔다. 원제는 'Markets never forget'이다. "시장은 절대로 잊지 않는다"는 뜻이다. 이 책을 펼치자마자 유명한 경구가 나온다.

"이번은 다르다."

엄청나게 비싼 표현이라고 하는 그 말이다. 나는 이 경구를 존 템플턴이 처음으로 말했다는 것을 이번에 알았다. 워낙 유명한 말인데 다른 사람이 먼저 한 것으로 알고 있었다. 두 표현 모두 "역사는 반복된다"는 것을 일깨우고 있다. 역사는 언제나 그렇게 반복한다.

우리는 항상 과거를 잊는다. 언제나 지금 벌어지는 일이 처음 벌어지는 것 같다는 착각에 빠진다. 그 점을 인식하지 못하는 이유는 다른 모습을 하고 나타나기 때문이다. 시간이 지나고 나서야 이번에도 같았다는 것을 깨닫는다. 그렇기에 우리는 역사를 잊지 말고 역사에서 교훈을 얻어야 한다. 그런데 역사를 안다고 해서 슬기롭게 대처할 수 있을까? 우리는 인간이다. 로봇과 달리 감정이 있어서 알면서도 나도

부의 공부법

모르게 행동할 때가 많다. 그래도 우리는 역사를 잊지 말아야 한다.

손실에 대한 공포가 이익에 대한 환희보다 더 크게 다가온다. 이를 해결하기 위해 끊임없이 역사를 배우며 기억을 개선하라고 이 책은 알려준다. 왜냐하면 우리에게 가장 위험할 때는 확신할 때다. 확신에 사로잡히면 나 자신을 강렬한 신념으로 움직이게 한다. 확실하다는 믿음 때문에 주변을 제대로 보지 못한다. 확신이 아닌 확률로 투자해야 한다. 확률에 근거해 냉정하게 바라보고 투자해야 한다. 확률을 높이는 싸움을 해야 한다. 확률이 낮아질 때는 냉정하게 피해야 한다.

이 책에는 '뉴 노멀(New Normal, 시대 변화에 따라 새롭게 떠오르는 기준 또는 표준)'이라는 단어가 나온다. 글로벌 금융위기 이후에 이 단어가 전 세계에 유행했다. 이 책은 뉴 노멀로 세상이 변했다고 말한다. 이 말이 유행한 지 어느덧 10년이 지났는데, 무엇이 뉴 노멀인지 나는 아직도 잘 모르겠다. 흥미롭게도 '뉴 노멀'은 금융위기 당시에 처음 생긴 단어가 아니다. 그 기원을 따져 보면 무려 1939년까지 거슬러 가야 한다. 또 1959년, 1978년, 1987년, 2003년에도 뉴 노멀이라는 단어가 경제를 설명할 때 화두로 떠올랐다.

이처럼 역사는 반복되는데, 우리는 늘 그때마다 새로운 일이 벌어졌다고 생각한다. '뉴 노멀'이라는 단어의 역사가 70년이나 되었는데, 우리는 뉴 노멀 시대를 마치 처음 맞이한 것마냥 행동했다. '뉴'라는 단어가 들어가서 그럴지도 모르지만 여하튼 뉴 노멀 시대를 새로운 것으로 받아들였다.

이 책은 주식투자에 대해 알려주는 책이고 미국 투자자의 이야기다. 한국 상황에 그대로 적용하기는 힘들어도 우리에게 통하는 원칙도 건넨다. 약세장과 강세장은 반복되지만 대체로 약세장은 아주 잠시일 뿐이다.

강세장이 시작될 때 투자를 시작해야 할 것 같지만 그보다는 약세장이 끝나기 전부터 투자를 시작해야만 가장 높은 수익률을 올릴 수 있다. 왜냐하면 약세장이 종결되었다는 것은 이미 강세장이 시작한 후에 알려지기 때문이다. 그때는 오히려 살짝 투자 타이밍을 놓치게 된다. 그러니 사람들의 투자 심리가 약해진 약세장에서 매수해야만 더 많은 수익을 낼 수 있다. 이는 투자가 어려운 이유기도 하다. 한마디로 모든 사람들이 두려워할 때가 가장 용기(욕심이라 표현해도 좋다.)를 내고 적극적으로 투자해야 할 때다.

역사를 알지 못하면 무슨 일이든 새로운 것으로 받아들인다. 긍정적인 현상도 부정적인 현상도 마치 처음 벌어지는 일처럼 느껴진다. 이전에 경험해 보지 못했던 상황이 펼쳐진다고 착각한다. 태양 아래 새로운 것은 없다. 이 표현이 맞다. 그러므로 역사에서 배워야겠지만 항상 시장을 부지런히 관찰해야 한다. 이번에 놓치면 다음은 오지 않는다. 평균수명이 길어졌다고 하지만 우리에게는 100년이라는 시간만 있을 뿐이다.

02

주식부자들의 투자법,
『주식부자들의 투자수업』

    일본에서 펴낸 주식 책은 다소 특이한 것 같다. 내가 주로 그런 책만 읽어서 그럴 수도 있겠지만 일본에서 투자로 성공한 사람이 쓴 책은 별로 없다. 대부분의 책들은 여러 투자자들의 성공 사례를 엮은 책이다. 물론 주식투자로 성공한 사람이 쓴 책도 있겠지만 한국에서 번역된 것은 없었다. 아마도 우리에게 일본 기업들이 투자처로 주목받지 못하니 기업분석 등을 자세하게 하는 일본 주식투자 책이 번역되지 않은 것이 아닐까 싶다.

    또 투자 관련 일본 책은 깊이 있는 분석보다는 다소 넓게 무언가를 알려주는 경우가 많다. 그런데 고이즈미 히데키의『주식부자들의 투자수업』은 의외로 유명한 투자자들의 투자방법을 쉽고 자세하게 설명해서 읽기 편하다.

한국에는 이런 책이 거의 없다. 한국 저자의 책들은 저자 자신이 했던 방법이나 발굴했던 기업을 설명하는 경우가 대다수다. 자신이 아닌 남의 투자방법을 설명하면 다소 낮게 보는 경향이 있기 때문이기도 하다. 그런데 정작 배울 것이 많은 투자자들은 자신의 사례를 글로 쓰는 경우가 드물다. 간혹 책으로 출간되더라도 이런 책은 그리 쉬운 책이 아니다. 그래서 투자 초보자가 유명한 투자자의 방법을 제대로 배우기가 쉽지 않다.

『주식부자들의 투자수업』은 유명한 주식 투자자를 소개하고 그들의 투자방법을 설명한다. 이 책은 투자방법들의 핵심만 아주 쉽게 알려준다. 물론 가장 좋은 것은 투자자가 직접 쓴 글이나 책을 읽는 것이다. 하지만 내 능력이 부족하면 읽더라도 무슨 말인지 모를 가능성이 크다. 고수에게 배우려면 어느 정도 내공을 갖춰야 한다. 고수가 쓴 책을 읽을 때도 마찬가지다. 기초 지식을 쌓는 데 꽤 시간을 할애해야 고수가 해주는 말을 비로소 이해할 수 있다. 그런 점에서 이 책은 좋은 책이다. 우리가 꼭 알아야 할 것들을 핵심만 알기 쉽게 설명하기 때문이다.

이 책에는 총 12명의 투자자가 나온다. 벤저민 그레이엄, 필립 피셔, 워런 버핏, 피터 린치, 윌리엄 오닐, 짐 로저스, 존 케인스, 존 템플

부의 공부법

턴, 존 네프, 고레가와 긴조, 마틴 츠바이크, 조지 소로스 등이 그들이다. 이 책은 이들 투자자의 투자 마인드에 대해 자세히 설명한다. 반면에 실질적인 투자방법에 대해서는 간략히 설명한다. 이 책은 저자나름의 성공 원칙도 소개하고 있는데, 저자가 강조한 '주식투자 성공 5원칙'은 다음과 같다.

주식투자 성공 5원칙

원칙 1 **투자 전략** : 손실과 이익의 비율이 유리한 쪽에 투자한다.

원칙 2 **가치투자** : 가치를 계산하여 상승여지가 큰 주식에 투자한다.

원칙 3 **종목의 질 파악** : 성장성을 고려한다.

원칙 4 **투자 타이밍** : 안이한 역행은 피하고, 여러 번에 나누어 매수한다.

원칙 5 **리스크 관리** : 한 종목에 투입하는 금액은 자산의 20%까지로 제한하고, 상황이 나빠지면 재빨리 손절매한다.

이 책의 저자는 리스크를 관리하면서 성장성을 염두에 두어야 한다고 강조한다. 리스크를 관리하는 것은 욕심을 관리하는 것이라 할 수 있다. 자신의 욕심을 얼마나 잘 조절하느냐가 관건이다. 결국 가장 큰 리스크는 욕심이다. 투자자에게 성장성은 가장 매력적이다. 성장성이 눈에 들어오면 나도 모르게 욕심이 생긴다. 당장의 상황은 무시하고 오로지 성장성만 보고 고평가 여부를 따지지 않게 된다. 이러다 보니 주가가 고평가되었을 때 매수하게 된다.

이런 실수를 피하기 위해 공부해야 한다. 단순히 기업을 분석하는 것뿐만 아니라 자신의 마음을 다스리는 것도 공부에 포함된다. 끝으로 이 책에 소개된 공식, 실제 주식투자에 쉽게 적용할 수 있는 네프 공식을 소개하고 싶다.

적정 PER = 이익성장률 + 배당률

03

성공투자를 위한 거래 원칙,
『주식시장의 승부사들』

모든 투자는 트레이딩(trading, 주식과 채권 등을 단기간에 사고팔아서 수익을 내는 일)이라 할 수도 있다. 매수를 하든 매도를 하든 거래가 이루어져야 하기 때문이다. 거래에 좀 더 집중할 것인지는 각자가 판단해야 한다. 좀 더 거래에 집중하는 사람은 재빠르게 거래의 움직임을 살펴본다. 다소 둔한 사람들은 거래를 자주 하지는 않아서 다른 방법에 집중한다. 주식투자에서는 다른 영역보다 트레이딩을 훨씬 많이 한다. 한국만 해도 수많은 기업이 상장되어 있다. 주식시장에서 거래되는 기업의 주식이 갈수록 늘고 있다.

그렇기에 기회가 될 수 있다. 유독 거래가 많이 되는 주식을 찾아야 한다. 거래가 활발해야 주가가 상승하거나 하락하는 것이다. 보통 거래를 동반할 때 주가가 상승하는 경우가 많다. 그중에서도 하루의 상승률이 엄청나게 증가하는 경우가 많다. 상승 추세가 정해지면 한동안 상승세로 방향을 유지한다. 이런 흐름을 이용하는 투자가 트레이딩이라 할 수 있다. 이렇게 써놓고 보니 내가 주식투자를 잘하는 것처럼 보이지만 사실 해본 적은 거의 없다.

한봉호 · 김형준 · 강창권 · 이주원 · 김영옥 · 이찬용 · 이상기의 『주식시장의 승부사들』은 책 제목처럼 주식시장에서 승부를 보는 사람들의 이야기다. 이들은 가치투자(기업의 가치에 믿음을 둔 주식 현물 투자 전략)와 차트투자(기업의 주식 차트에 중점을 두는 주식투자)를 병행하는 사람이라고 할 수 있다. 경계가 다소 모호해지기도 했지만 거래의 움직임에 좀 더 집중해서 투자한다면 트레이딩 투자라 할 수 있다. 트레이딩 투자는 꽤 많이 알려져 있기도 하다. 가치투자만큼이나 오래된 역사를 갖고 있다. 이 방법으로 성공한 사람도 꽤 많은데, 이들에 대해 공부하고 연구하는 사람도 많다.

다른 사람들과 같은 방법을 쓰는데 통할 수가 없다. 그럼에도 여전히 통한다. 반드시 통하지는 않지만 시장에서 이 방법으로 거래되고 있다.

그런데 주식시장에서는 모든 사람들이 전부 특정 기업에만 투자하지는 않는다. 대체적으로 사람들은 크게 관심을 갖는 기업의 이익을 보고 투자한다. 차트만 보고 투자를 하는 것은 결코 아니다. 그래서 이 책은 말한다. 차트를 봐야 하지만 그에 앞서 어떤 기업에 사람들이 몰려들지를 파악하는 것이 더 중요하다고.

이것은 시황(주식이 시장에서 매매되거나 거래되는 상황)이라 할 수 있지만 호재를 좇는 투자다. 어떤 기업에 대한 뉴스가 나온다. 좋은 뉴스일 수도 있고, 나쁜 뉴스일 수도 있다. 그에 따라 사람들은 해당 기업에 관심을 갖고 거래를 한다. 이미 보유한 사람과 보유하려는 사람에 따라 하는 행동은 다르다. 이 책에서는 시황투자라고 명명한다. 날마다 그날의 시황을 살펴보면서 그날 투자할 기업을 선정한다. 그중에서 거래가 많은 기업을 노리고 들어간다. 이때 기업의 실적도 참고해야 한다.

시황을 살펴보고 들어간다고 반드시 수익을 내는 것은 아니다. 진입시점이 잘 맞아야 한다. 호재가 나왔는데도 오히려 가격이 하락할 수도 있다. 이런 종합적인 판단을 한 후에 매수와 매도를 결정한다. 무엇보다 심리가 가장 중요하다. 철저하게 욕심을 버리고 일정 수익을 내면 매도한다. 상승을 기대하며 투자했지만 하락이 일정기간 지속된다면 더 이상 미련을 갖지 않고 매도한다. 이런 원칙을 지켜야만 트레이딩을 하며 수익을 낼 수 있다. 이 책에 등장하는 승부사들도 그렇게 한다.

가격이 하락하는데 이를 복구하기 위해 자금을 더 투입하는 데 그치지 않고 신용대출까지 받아가며 투자한다면 오히려 손실을 극복하지 못할 만큼 일이 커진다. 저자들은 이런 경험을 소개하며 냉정하게 이성적으로 판단하며 거래해야 한다고 알려준다. 책에서는 5일선(5일 동안의 평균주가를 이어놓은 선)이나 20일선(20일 동안의 평균주가를 이어놓은 선) 같은 것들은 오히려 중요하게 여기지 않는다. 이를 참고는 하되 거의 하루 정도 단위로 거래를 통해 매수와 매도를 결정하니, 그보다는 그날의 시황에 따라 결정하는 것이 제일 중요하지 않을까 싶다. 여하튼 오를 기업을 찾는 것이 핵심인 듯하다.

이런 투자를 하기 위해서는 차트도 살펴야겠지만 해당 기업과 관련된 뉴스를 분석하는 것이 더 중요할 것이다. 해당 뉴스가 기업에 어떤 영향을 미치는지를 분석해야 그에 따른 적절한 투자를 할 수 있을 것이다. 이런 방법은 꽤 훈련을 해야 할 듯하다. 무엇보다 엄청나게 부지런해야 한다. 그날에 나온 뉴스를 모두 확인하기도 힘들 뿐더러 그중에서도 어떤 것을 택할지를 판단하는 감각도 있어야 하지 않을까 싶다. 과거와 달리 그나마 주요 뉴스를 세팅할 수 있긴 하다.

이 방법은 직장을 다니는 사람이 하기는 쉽지 않을 듯하다. 하지만 저자들은 가능하다고 이야기한다. 실제로 이 책에 등장하는 승부사들도 전업하기 전에 투잡으로 했으니 말이다.

이 책은 인터뷰 형식으로 되어 있다. 질문을 하면 그에 대해 답하는 형식이다. 투자를 하는 데 있어 마인드와 원칙과 관련된 내용은 새겨들을 만하다. "심리를 극복하고 이성적으로 해야 한다"는 말이 와 닿는데, 이 말을 실천으로 옮기기가 말처럼 쉬운 것은 아니다. 그래도 명심하고 실천으로 옮기는 것이 좋겠다.

04

업종별 유망기업 전망,
『돈이 된다! 주식투자』

　최근 주식투자에 대한 관심이 엄청나다. 과거에도 관심이 지대했지만 이전과 다른 것은 바로 실제로 투자하는 사람이 많아진 것이다. 이전에는 굳이 투자하지 않고 관심만 가졌다면 이제는 주식투자를 직접 하는 사람들이 많아졌다. '동학개미'라는 표현이 나올 정도로 엄청난 사람들이 주식투자 시장에 뛰어들었다. 그 덕분에 아주 짧은 시간에 급락했던 주가지수가 원지수까지 올라갔다. 그로 인해 돈을 번 사람도 있을 테고 뛰어들었다 손해를 본 사람들도 있지 않을까?

　주식투자는 기업의 지분을 구입하는 것이다. 내가 투자하는 기업의 실적이 좋아야 한다. 실적이 좋으면 이윤을 함께 나눠 갖기 때문이다. 초보자라면 막상 기업에 투자하려 해도 어떤 기업이 있는지 잘 모른다. 현재 한국에 상장되어 있는 기업만 해도 1,800여 개나 된다. 이렇게 많은 기업을 전부 아는 것은 힘들다. 그중에서 어떤 기업에 투자해야 할지 고민하느라 골치를 앓는다.

게다가 기업도 기업이지만 각 섹터(sector, 투자하려는 기업의 관련 산업)의 전망도 살펴야 한다. 섹터별로 유행하는 것이 있고 그에 따라 사람들의 관심도가 달라진다. 아직 저평가되었을 때 진득하니 갖고 있다가 주가가 상승하면 수익을 내고 팔고 나오면 좋다. 섹터별로 사람들의 관심에 따른 움직임이 분명히 있다. 섹터별로 어떤 기업이 좀 더 잘나가는지를 아는 것이 중요하다. 개인이 이 모든 것을 파악하기 위해서는 상당히 긴 시간이 필요하다. 특히나 이제 막 시작하는 사람이라면 더욱 힘들다.

김지훈의 『돈이 된다! 주식투자』는 여러 섹터별로 살펴봐야 할 기업을 알려준다. 게임산업, 미디어산업, 2차전지산업, 무인화산업, 핀테크산업, 폴더블폰산업, 반도체산업, OLED산업, 5G통신장비 및 소재산업, 헬스케어산업, 제약바이오산업, 건강기능식품산업, 화장품산업, 생활소비재산업으로 구분해 알려주고 있다. 사실 나 역시 모든 분야를 알고 있는 것은 아니다. 그나마 친숙한 분야에 대한 글은 보다 편하게 읽었고 잘 모르는 분야는 읽는 데 시간도 걸리고 이해하기도 힘들었다.

이 책에서 섹션별로 소개한 기업 중에는 개인적인 견해에서 납득하기 힘든 기업도 조금 있었다. 또 해당 기업에 대한 저자의 설명과 주장 중에는 다소 납득하기 힘든 것도 있었다. 하지만 이 책에 소개된 몇몇 기업은 눈여겨봐야겠다는 생각도 했다. 이 책을 읽고 좀 더 조사한 후에 투자한 기업도 있다. 충분히 괜찮을 같아서 조금씩 조금씩 당분간 사 모을 것이다.

이 책은 기업 정보에 대해 간단하게 설명하고 CEO에 대해 알려준다. 저자의 투자 근거는 무엇인지 소개하고, ROE(자기자본이익률, 투입한 자기자본이 얼마만큼의 이익을 냈는지를 나타내는 지표), PER(주가수익비율, 현재 시장에서 매매되는 특정회사의 주식가격을 주당순이익으로 나눈 값), PBR(주가를 주당순자산가치로 나눈 값) 등의 체크 리스트를 하나씩 알려준다. 여기에 최근 몇 년 동안의 주가와 최저 주가를 알려주며 왜 이런 흐름이 발생하게 되었는지까지 설명한다. 동종 기업을 함께 설명하면서 책에서 소개한 기업의 장점도 설명한다. 끝으로 중요한 것은 역시나 Q, P, C다. 이것은 물량, 가격, 비용의 약자다. 해당 기업이 얼마나 실적을 낼 것인지를 알려면 이것들을 고려해야 하는 것이다.

이 책에 소개된 해당 기업에 대한 설명은 기초적인 것이다. 그것만 알고 투자하기보다는 기업보고서나 애널리스트의 평가서 등을 함께 읽고 스스로 결정해야 한다. 그런 점에서 섹터별로 자세히 살펴보는

부의 공부법

것이 반드시 필요할 듯하다.

참고로 이 책에 소개된 기업들은 대기업이 아니다. 거의 대부분 좋게 말한다면 대기업이 될 가능성이 있는 기업이다. 책의 구성도 깔끔해서 보기에 편했다. 다소 같은 패턴이 계속 반복되니 뒤로 갈수록 지루해지는 점은 없지 않아 있었다.

이 책에 소개된 기업은 다음과 같다. 펄어비스, 컴투스, 더블유 게임즈, 스튜디오 드래곤, 에코마케팅, 위지윅 스튜디오, 포스코 케미칼, 일진 머티리얼즈, 천보, 에스원, 한국전자금융, 신세계 I&C, NHN 한국 사이버 결제, 웹케시, 세틀뱅크, 제인앤티씨, 비에이치, KH바텍, PI첨단소재, 덕산 네오룩스, 이녹스 첨단소재, RFHIC, 서진 시스템, 오이 솔루션, 씨젠, 클래시스, 뷰웍스, 한올 바이오파카, 동국제약, 휴온스, 서흥, 종근당 홀딩스, 노바렉스, 신세계 인터내셔널, 클리오, 네오팜, 오리온, F&F, 화승 엔터프라이즈.

05

주식투자 수익률 높이기, 『1타 7피 주식 초보 최고 계략』

　　예전에 주식투자를 도박에 비유해 설명했던 사람이 있었다. 포커와 주식을 연결시켜 이야기했는데 재미있었다. 그런데 그는 한동안 글을 올리더니 어느 순간 사라졌다. 주식투자는 분명히 도박과는 다르지만 여러모로 비슷한 측면이 분명히 있다. 물론 전적으로 내 생각이다.

　　투자를 도박과 연결시키는 것을 불경스럽게 볼 수도 있겠지만 속성이 그렇다는 말이다. 박성현의『1타 7피 주식 초보 최고 계략』은 초반에 투자를 도박에 비유해 설명한다. 이를 위해 저자가 직접 카지노에서 했던 도박을 이야기한다. 카드를 갖고 하는 도박은 어느 정도 확률과 통계와 관련 있다는 사실을 알려준다. 다만 카지노 이야기가 좀 많이 나오다보니 다소 지겹기도 했다. 주식투자 이야기를 듣고 싶은데 자꾸만 카지노 이야기를 하니 말이다.

저자는 20년 동안 주식투자를 했는데 실제로 17년은 초보였다고 고백한다. 꽤 솔직한 고백인데 3년 전부터 지금의 투자방법으로 수익을 내기 시작했다. 이 책은 그 방법을 알려준다. 이 방법은 흔히 가치투자를 할 때 알아야 할 방법이다. 이와 관련된 계량적인 방법으로 필터링을 한다. 필터링을 통과한 기업에 투자한다. 절대로 일정 규모와 비율 이상으로 투자하지 않는다. 여기에 저자만의 신박한 방법이 있었다. 꽤 흥미롭고 처음 듣는 방법이었다.

계좌를 개설해서 투자를 한다. 해당 기업의 주가가 하락하면 추가 매수를 한다. 여기까지는 흔한 방법이다. 물타기라고도 하는 방법이다. 문제는 이렇게 투자하면 얼마가 첫 투자이고 나중에 들어간 투입금은 얼마인지 구분하기 어려워진다. 둘 다 주가가 상승해 수익을 낸다면 그것으로 족하지만 나름 구분할 필요가 있다. 여기서 새로운 계좌를 만들어 매수를 한다. 이전 주가와는 다른 주가에 매수를 한 것이다. 이런 식으로 7개 정도의 계좌를 같은 기업의 주식으로 매수한다.

똑같은 기업의 주식을 각기 다른 주가로 매수했으니 매도도 같은 방법으로 한다. 예를 들어 10% 수익을 근거로 한다면 그중에서 10% 이상 수익을 낸 계좌는 매도를 한다. 그렇지 않은 계좌는 계속 보유한다. 수익을 냈으니 매도하고, 아직까지 수익이 나지 않은 계좌는 보유하면서 나중에 수익을 낸다. 이렇게 하면 주식투자를 하면서 수익을 꾸준히 낼 수 있다. 다소 귀찮을 수는 있어도 꽤 괜찮은 방법처럼 보였다. 실제로 매수를 했는데 주가가 하락하면 기다림이 엄청나게 길어질 수 있다.

인내를 갖고 수익을 내면 좋기는 한데 그 기간 동안 꽤 큰 고통이 따른다. 이 책에서 알려준 방법으로 한다면 손해를 보는 계좌도 있지만 더 저렴하게 매수한 덕분에 수익을 낸 계좌가 하나씩 생긴다. 이에 따라 인내에 따른 보상을 받을 수도 있고 훨씬 더 즐겁게 투자할 가능성이 크다. 나름 신박하다면 신박한 방법이다. 저자는 처음에 달러투자로 본격적인 수익을 냈고 그때부터 본격적으로 주식투자에도 접목했다고 한다. 그 이후로는 3년 동안 수익을 냈다. 그런 결과를 이루게 한 7가지 원칙은 다음과 같다.

1. 장기투자 계좌의 투자 자산 비중은 전체의 40% 이상 유지한다.
2. 레버리지(신용, 미수)는 절대 사용하지 않는다.
3. 장기투자 계좌의 목표 수익률은 10% 이상으로 한다.
4. 개별종목 최초 매수 금액은 해당 계좌 투자 자산의 5% 이내로 한다.
5. 추가 매수는 이전 계좌의 종목 손실률이 3% 이상일 때만 한다.
6. 추가 매수 투자금 규모는 최초 매수 투자금과 동일하게 한다.

7. 손절매는 하지 않는다.

이 책에 소개된 잃지 않는 안전한 주식 체크 리스트도 참고하면 좋다. 시가총액, 52주 최저가, 52주 최고가 등 무려 21가지나 된다. 그것들을 일일이 전부 체크해야 할까라고 생각한다면 귀찮을 수도 있다. 하지만 그 정도도 하지 않고 수익을 내려 한다면 덧없는 욕심이다. 이 책은 도박을 근거로 주식투자에 대해 이야기하지만 일확천금을 노리는 방법을 권유하지 않는다. 오히려 무척이나 안전하고 최소 수익률을 노리는 방법이다. 역설적으로 안정적으로 수익을 내는 방법이기도 하다. 한 번 시도해 보는 것이 좋지 않을까?

06

채권 평가하듯 주식 평가하기, 『채권쟁이 서준식의 다시 쓰는 주식 투자 교과서』

아직도 갖고 있는 서준식의 『왜 채권쟁이들이 주식으로 돈을 잘 벌까?』는 절판이 되어 중고가격이 10만 원에 달한다고 한다. 이 책은 좋은 책으로 소문이 나서 가격이 상승했다. 이 책을 보유하고는 있지만 그 가격에 팔 생각은 없다. 저자의 또 다른 책『눈덩이주식 투자법』도 좋은 반응을 얻었지만 역시나 첫 책이 참 좋았다. 무엇보다 채권을 바라보는 시선으로 주식을 평가한 것이 좋았다.

이런 방식은 워런 버핏이 하는 주식투자방법으로 알려져 있었다. 『왜 채권쟁이들이 주식으로 돈을 잘 벌까?』가 출간될 당시에는 개인 투자자가 이 방식을 한국 상황에 맞게 적용하기는 힘들었다. 그래서

인지 출간 직후에는 큰 관심을 끌지 못했다. 그런데 최근 들어 좋은 책이 다시 출판되는 것이 유행이다. 좋다고 소문이 나면 절판되었던 책이 세상에 다시 나오고 있다. 그런 책이 바로『채권쟁이 서준식의 다시 쓰는 주식 투자 교과서』이다. 이 책은『왜 채권쟁이들이 주식으로 돈을 잘 벌까?』의 개정판이다.

과거에 읽었을 때는 주식투자 접근법을 참 쉽게 알려주었다는 느낌이 강하게 남았다. 주식에 투자하는 방법은 많다. 그중에서도 가장 널리 알려진 것은 미래가치와 현재가치를 따져보는 것이다. 오늘 내가 갖고 있는 10,000원이 10년 후에 얼마 정도의 가치가 있는지를 따져본다. 이를 근거로 투자를 결정한다. 많은 사람들은 당장 10,000원을 선호하지만 수익을 낸다면 그 이상의 돈이 되어 나에게 올 수 있는 것이다.

이렇게 현재가치와 미래가치를 따져보며 돈을 바라봐야 한다. 이를 위해서는 먼저 개념을 장착해야 한다. 이 책은 주식에 대해 이야기하기 전에 채권의 개념부터 설명한다. 채권과 주식의 관계는 보완 관계다. 채권가격은 금리와 연동된다. 금리가 상승할 때 채권가격은 떨어지고, 금리가 하락할 때 채권가격은 올라간다. 내가 5% 이자를 받는 채권을 갖고 있는데 금리가 4%가 된다면 내 채권은 가격이 올라간다.

채권은 자산시장에서 가장 큰 덩치를 자랑하지만 대부분의 사람들에게는 머나먼 이야기다. 워낙 단위 숫자가 크다보니 거래할 일이 없다. 더구나 개인들은 겨우 얼마 되지 않는 수익을 얻겠다고 채권을 구입하는 경우가 드물다. 이러니 부동산투자를 하거나 주식투자를 한다. 하지만 채권투자로도 주식투자만큼 수익을 얻을 때도 있다. 거기에 이자도 챙길 수 있으니 일거양득이다.

이 책은 이렇게 채권 관점으로 주식을 바라본다. 주식투자는 여러 관점에서 할 수 있다. 많은 사람들이 주식투자를 하지만 각자 생각이 다르기에 투자 방식도 다르다. 대체적으로 가치투자를 지향하는 사람들은 적정한 가격을 찾으려 노력한다. 그 적정한 가격은 사람마다 적용하는 개념이 달라 천차만별이지만 책에서는 이에 대한 하나의 관점을 제시한다. 자신의 원칙을 세울 때 엄격하게 할 것인지 여유 있게 할 것인지에 따라 가격 매수를 결정한다.

채권형 주식투자에서 가장 중요한 것은 주당순자산가치(BPS, 기업의 총자산에서 부채를 빼면 기업의 순자산이 남는데, 이 순자산을 발행주식수로 나눈 수치)나 주당순이익(EPS, 기업이 벌어들인 순이익을 그 기업이 발행한 총 주식수로 나눈 값)이 아니라 자기자본이익률(ROE, 기업이 투입한 자기자본이 얼마만큼의 이익을 냈는지를 나타내는 지표)다. 꾸준히 자기자본이익률을 보여주지 못하는 기업의 미래는 불투명하다. 따라서 기업의 순이익보다는 순자산에 좀 더 집중해 살펴야 한다. 이때는 이익만 놓고 평가하지 않는다. 자산이 얼마나 늘어났는지를 평가해야 한다. 이익을 제대로 내지 못하면서 자산만 많은 기업도 있기 때문이다.

아무리 자산이 꾸준히 늘어도 자기자본이익률이 나쁘면 매수할 기업이 아니다. 이익률은 변동하니 10년 정도 길게 보거나 5년이나 3년 미만 정도 살펴야 한다. 이는 어쩌면 채권의 3, 5, 10년 선물(先物, 채권 등 금융자산을 미리 결정된 가격으로 미래 일정시점에 인도·인수할 것을 약정한 거래)을 기준으로 한 것이 아닐까 싶다. 과거에 나타났던 이익률을 근거로 어느 정도로 평가해서 회사에 적용할지를 결정한다. 최근 3년 정도를 보고서는 이익률이 상승추세인지, 하락추세인지를 감안한다.

이렇게 할 때 역설적인 상황이 생긴다. 욕심이 많을수록 매수할 기업이 적어지고 욕심이 없을수록 매수할 기업이 많아진다. 기대수익률을 어느 정도로 할지를 결정하는 것에 따라 달라진다. 내가 원하는 기대수익률이 20%라면 엄청나게 엄격한 조건을 설정해야 하기에 매수할 기업이 적어진다. 기대수익률을 5%로 하면 상당히 많아진다. 보통 금리에 따라 기대수익률을 달리하면 좀 더 유연하게 대처할 수 있다. 자신만의 절대수익률로 할 수도 있고 말이다.

자세한 내용은 책을 읽어보길 바란다. 이 책은 채권에 대한 개념부터 설명하고 경제 전반에 금리가 어떤 영향을 미치는지도 알려준다. 단순히 주식투자만을 위한 책이 아니다. 경제 전반의 흐름을 파악하는 법에 대해서도 알려주기 때문이다. 경제 전반에서 주식투자가 어떤 중요성을 갖고 있는지도 설명하고, 자산 배분에 대해서도 소개한다. 이 책이 소개하는 채권형 주식투자는 숫자만 보면 안 되고 해당 기업이 어떤 분야이고, 무엇을 하는지를 알아본 후에 적용해야 한다. 천천히 꾸준히 그렇게 한다면 자산은 분명히 늘어날 것이다.

07

자신에게 맞는 주식투자법,
『할 수 있다! 퀀트 투자』

처음 주식 관련 책을 읽을 무렵에 국내 저자의 책은 정말 읽을 책이 없었다. 아무래도 번역서는 외국에서 검증된 투자자가 낸 책이니 내용도 훌륭했지만 국내 저자는 믿기 힘들었다. 한국에서도 2010년 이후에는 괜찮은 책이 많이 나오지 않을까 기대했다. 그쯤이면 한국에도 10년 이상 주식투자를 해온 개인투자자가 생길 것이고, 그중에서 성공한 사람들이 나올 것이라고 생각했기 때문이다. 2010년 이후에는 괜찮은 책이 과거에 비해 꽤 많이 나왔다.

아쉽게도 여전히 국내 저자가 쓴 책은 좀 애매했다. "이렇게 돈을 벌었어요"라는 식의 책이 다수였다. 내가 원하는 책은 그런 책이 아니라 어떻게 투자하고 어떤 식으로 기업을 발견하느냐를 알려주는 책이었다. 외국 책은 대체로 그에 대해 알려주는 책이다. 최근 들어 국내 저자의 책들 중에 그런 책이 하나씩 나오고 있다. 요즘 주식 관련 책들은 어떤 방법으로 주식투자를 해야 할지를 알려준다. 흔히 말해서 책을 읽고 따라할 수 있게 만들어준다. 중요한 것은 이게 아닐까? "나는 이렇게 투자했다"가 아니라 "너도 할 수 있는 방법을 알려줄 테니 해봐!"

강환국의 『할 수 있다! 퀀트 투자』가 그런 책이다. 그것도 아주 다양한 방법을 보여준다. 이 책은 여러 방법을 소개하면서 각자에게 맞는 투자방법을 써보라고 권유한다.

이 책은 매우 다양한 방법을 소개한다. 그리고 이미 수많은 논문과 데이터로 검증된 방법들을 설명한다. 게다가 이미 투자 세계에서 성공한 투자자들의 방법을 근거로 제시한다. 거짓말을 하나도 보태지 않고 읽다보니 나도 모르게 당장 해보고 싶다는 마음이 굴뚝같이 생겼다. 무엇보다 투자방법들을 자세히 소개하고 있으니 나도 충분히 이 책의 제목처럼 할 수 있다고 믿게 된다.

이 책의 초반에는 매우 중요한 개념을 설명한다. CAGR(Compound Annual Growth Rate)는 연평균수익률인데 기하평균이다. MDD(Maximum Draw Down)은 변동폭이다. 이 책에 소개된 모든 방법들을 이 두 가지 개념으로 비교한다. 거기에 1년에 한 번씩 리밸런싱(rebalancing, 운용하는 자산의 편입 비중을 재조정하는 것)으로 변화를 준다. 이것이 가장 중요하다. 초보자라면 수익률은 높이고 변동성은 낮추고 싶어 한다. 주식투자를 하는 대부분의 사람들은 이 둘을 모두 갖지 못한다는 것을 깨닫는다. 실제로 주식투자를 한 후 변동성을 포기하는 사람이 많다.

그 부분은 어쩔 수 없이 감안하고 감내해야 한다. 이 책은 상대적으로 안정적으로 하는 방법과 공격적으로 하는 방법을 알려주고 있지만 변동성을 없애는 전략은 공개하지 않았다. 상대적으로 변동성이 덜 나타나는 전략을 활용하는 방법을 알려준다. 그럼에도 이 책을 읽은 대부분의 사람들은 아마도 공격형으로 할 것이다. 이왕 투자하는데 좀 더 수익을 올리는 것을 바라는 것이 인간의 당연한 욕심 아닐까? 그러려면 변동성을 감수해야 하는데 결국 그러지 못하기에 쉽지 않다.

이 책은 다양한 방법 중 자신에게 맞는 것을 찾아 2~3가지를 하라고 하는데 이 모든 것을 끝까지 유지하는 것이 힘들다. 그렇기에 자산을 모으는 것이 힘들지 않을까 싶다.

그럼에도 이 책을 읽으면 '돈 벌기가 이렇게 쉬울 수가!' 하는 생각마저 든다. 여기서 착각하지 말아야 할 것은 저자도 언급했듯이 성공적인 투자는 이성이 지배할 때만 가능하다. 막상 여러 방법들 중 하나를 실천하다보면 반드시 인간의 본능 때문에 포기하고 싶어진다. 이를 극복해야만 저자가 소개한 CAGR(연평균성장률 또는 연평균수익률) 20% 이상을 달성할 수 있다. 이를 달성한 사람이 바로 워런 버핏과 같은 사람인데, 그는 이 책에 소개된 여러 방법 중 일부를 이미 실천하고 있다. 사실 나 역시 이 방법들을 이미 알고 있었고, 심지어 그와 관련된 것들을 출력해 책상에 붙이고 자주 보기도 했다.

문제는 그걸로 끝이었다. 이 방법을 활용해야겠다 싶어 기업 필터링을 하려니 좀 막막했다. 이렇게 10년을 허비하니 기억 저편으로 사라졌다. 이 책처럼 아예 필터링을 한 후 몇 종목으로 분산해야겠다는 생각을 못했다. 또 우선적으로 PER, PBR, BPS 등의 방법으로 기업 분석을 하고 수익을 내야 하는데, 나는 그 정도도 하지 않고 어설프게 워런 버핏 흉내를 내려고 했다.

결국 이 책을 읽고 다시 기본으로 돌아가야겠다고 생각했다. 연평균 20%의 수익을 수십 년 동안 내는 것이 얼마나 어려운지 해본 사람은 안다. 하지만 정말로 나는 투자를 쉽게 하고 싶다. 투자를 깊게 하는 사람들은 그것에 흥미를 느끼고 지적 탐구 단계까지 이르는 사람들이다. 나는 그 단계까지는 못 간다. 흥미롭게도 읽다보니 조금만 노력하면 이 방법을 주택투자에도 얼마든지 적용할 수 있겠다는 생각도 하게 되었다. 물론 주택투자는 주식투자와 달리 현장을 직접 가봐야 하지만 주택 매물을 고를 때 필터링을 적용하는 것은 괜찮을 것 같다.

솔직히 저자 소개를 읽고 넘사벽이라 생각했다. 워낙 전문가인지라 어려운 용어와 방법을 소개할 것이라고 생각했다. 막상 읽으니 아주 쉽고 이해하기 편하게 썼다. 나는 미국 출판시장을 잘 모르지만 이 책은 영어로 번역되어도 충분히 좋은 평가를 받을 듯하다. 어쭙잖게 주식투자를 한다고 이것저것 하지 말고 이 책에 소개된 방법 중 하나를 해보는 것이 좋지 않을까? 아주 적은 금액으로라도 실천해 볼 필요가 있다.

08

훌륭한 수익을 올리는 올웨더 투자, 『절대수익 투자법칙』

최근 들어 '올웨더'라는 용어가 자주 눈에 띈다. 이 용어는 금융계에서 많이 사용한다. 투자자들 사이에서 이 용어가 유행하고 있는데. 발 빠른 사람들은 이 용어를 종종 사용하고 있다. 단어뿐만 아니라 이 투자방법을 활용하고 있다. 그렇다고 새로운 선진기법도 아니고 최첨단 방법도 아니다. 최근에 유행하는 투자방법이지만 고리타분한 옛날 방법이다. 다르다고 할 수도 있겠지만 자산배분 전략이 바로 올웨더이기 때문이다.

김동주의 『절대수익 투자법칙』은 올웨더를 처음으로 전면에 내세운 책이 아닐까 싶다. 저자의 이력은 다소 독특하다. 그는 프로그램을 만들어 현재의 카카오와 M&A를 했다. 당시에 인수합병에 따른 자금을 현금으로 받지 않고 고민 끝에 카카오 주식을 받았다. 시간이 지나 카카오가 상장을 하며 생각지도 않게 큰돈을 벌었다. 저자의 표현에 의하면 평생 써도 될 정도의 돈을 벌었다. 보통 이런 사례는 주로 미국에서 자주 나오는데 한국에도 이런 사람이 있으니 눈길이 갔다.

최근에 한국도 이런 사례가 자주 나오고 있어 선진국이 되어가는 듯하다. 이러한 행운을 맞게 된 저자는 흥청망청 돈을 쓴 것도 아니고 더 큰 사업을 한 것도 아니다. 그렇게 생긴 돈을 자산관리사와 같은 전문가에게 맡겼다. 시간이 지났는데도 이상하게 수익이 나지 않았다.

그런데 손실을 입었는데도 수수료를 어김없이 냉큼 가져갔다. 전문가만 믿었던 자신의 잘못을 깨닫게 되었다. 프로그램을 만드는 사람답게 직접 테스트를 해보기로 했다. 차라리 자신이 직접 운용하는 것이 낫겠다고 판단했다. 백테스트 후에 직접 올웨더를 하기로 결심했다. 심지어 직접 투자회사를 차렸다. 지금은 고객에게 투자받은 돈을 자신이 했던 방법대로 투자하고 있다. 상당히 독특한 이력이라 할 수 있다. 투자회사라면 대부분 관련 종사자가 창업하는 경우가 많으니 말이다.

저자는 유튜브를 통해 올웨더 방법을 알려주고 있다. 그의 유튜브 방송을 보지는 않았지만 이 책을 읽어보니 헛된 환상을 심어주는 것이 아니라 정석과 기본을 알려준다. 무엇보다 사실 올웨더 전략은 무척이나 심심한 투자다. 딱히 뭘 해야 하는 것이 아니다. 처음에 자산배분을 설정한 후에는 리밸런싱을 하긴 하지만 소극적인 행동만 한다. 소득적인 행동이라 표현했지만 이게 생각처럼 쉽지 않다. 소극적인 행동처럼 보이지만 상당히 적극적인 인내가 필요하다.

사실 무척 단순한 전략임에도 어려운 것은 우리가 인간이기 때문이다. 인간은 감정을 갖고 있다. 그러니 항상 남과 비교하게 된다. 상대적으로 안정적인 수익률을 올리는 방법이더라도 그것은 상대적으로 수익률이 우월할 때 주목받을 수 있다. 정작 다른 방법의 수익률이 높으면 올웨더 방법이 좋지 못하다고 생각하게 되므로 끊임없는 인내가 필요하다. 시간이 좀 더 지나면 올웨더가 좋은 수익을 안길 수 있어도 당장의 수익률에 현혹되어 눈을 돌릴 수 있다. 이러다보니 중간에 갈아탈 수 있다.

많은 사람들이 올웨더를 포기하고 다른 방법을 활용하게 된다. 다른 방법이 안 좋은 것은 아니지만 어느 정도 투자 경험이 없다면 이 또한 쉬운 것은 결코 아니다. 이 책의 저자는 흥미롭게도 한국시장보다는 미국시장 위주로 투자한다. 자신의 자산을 여러 분야에 골고루 분산해야 하는데 거의 대다수를 한국시장이 아닌 미국시장에 투자했다. 저자는 ETF(Exchange Traded Fund, 인덱스펀드를 거래소에 상장시켜 투자자들이 주식처럼 편리하게 거래할 수 있도록 만든 상품) 위주로 투자한다. 주식과 채권을 직접 투자하는 것이 아니라 미국에 상장되어 있는 ETF에 투자하는 것이다. 저자가 투자하는 자산군은 다음과 같다.

미국 주식, 미국 외 선진국 주식, 신흥국 주식, 원자재, 금, 미국 제로쿠폰 장기채, 물가연동채(만기 15년 이상), 미국 회사채, 신흥국 채권(로컬화폐) 등이다. 이런 것들에 분산투자하는데 주로 레이 달리오가 운영하는 펀드를 근거로 설명한다. 이밖에도 여러 투자처가 있지만 이 책은 이들 투자처들을 소개하는 데 많은 부분을 할애했다. 무조건 이렇게 세팅하라고 강요하는 것이 아니라 여러 자산의 장단점을 설명해준다. 그래야 투자를 하면서도 좀 더 안정적으로 편한 마음을 가질 수 있기 때문이다.

또한 저자가 자산군에 분산투자를 한 후에 투자수익률이 어떻게 나타났는지도 백테스트를 통해 알려준다. 가장 소극적인 방법이지만 확실한 수익을 얻는 투자다. 단기적으로는 차이를 느끼기 힘들지만 장기적으로는 그 위력을 알 수 있는 투자방법이라 할 수 있다. 문제는 이 역시 인간이 갖고 있는 감정을 상당부분 배제했을 때 가능하다. 보유하면서도 계속 다른 마음이 생길 수도 있다. 이 점만 잘 다스린다면 개인이 할 수 있는 좋은 투자 전략이다.

분석하고 인내해야 성과가 따르는 집중투자, 『집중투자』

집중투자(concentrated investment, 위험분산을 노리는 분산투자와 반대되는 개념으로 어느 한 종목을 집중적으로 매입하는 투자방법)와 분산투자(diversified investments, 기대투자 수익을 올리는 데 있어 투자위험을 적게 하기 위하여 여러 종목의 증권에 분산하여 투자함으로써 개개의 위험을 서로 상쇄, 완화토록 하는 투자방법)에 대해 다양한 의견이 있다. 안전하게 분산하는 것이 좋다는 투자자와 모든 힘을 집중해서 하는 것이 좋다는 투자자가 있다. 계란을 한 바구니에 넣지 말라는 말이 있다. 이에 대한 절충안으로 계란을 한 바구니에 넣는 대신에 바닥에 푹신푹신한 솜을 넣으면 된다고 한다. 내 경우에는 강의할 때 다음과 같이 말한다.

"분산 따위는 하지 말고 몰빵 투자를 하세요!"

평소 내 이미지와 다소 안 맞는 말이다.

책이나 글로는 이렇게 이야기하지 못한다. 내가 하는 정규 강의인 후천적부자 아카데미에서는 오랜 시간 동안 이에 대해 이야기했기 때문에 이 말의 전후 맥락을 이해하고 다들 웃는다. 이 말의 맥락을 이해하지 못한다면 좀 의아하게 들리겠지만 나는 '몰빵투자'를 권한다. 영어로 표현하면 'All In'이다. 앨런 베넬로 · 마이클 밴 비머 · 토비아스 칼라일의 『집중투자』는 돈이 없는 상태에서 어느 정도 집중투자를 하지 않으면 자산 증식은 쉽지 않다고 말한다.

집중투자를 하려면 훨씬 더 고민하고 살펴봐야 한다. 내 돈을 한곳에 집중해서 투자하는데 별 조사도 없이 투입하지는 않을 것이다. 안타깝게도 그렇게 하지 않는 사람도 있지만 그것도 한 번이지 똑같이 두 번을 하라고 하면 절대로 못 한다. 더 이상 두려워서 그런 행동은 함부로 하지 못한다는 것을 깨닫는다. 보유한 돈을 거의 대다수 투입하는데 심리적으로도 흔들리기 쉽다. 얼마나 어려운지 해본 자만이 알 수 있다.

워런 버핏은 자신의 책들에서 바로 집중투자의 핵심을 이야기했다.

"평생 딱 열 번만 구멍을 뚫을 수 있는 종이처럼 투자하라."

이 말은 아무 곳에나 막 투자하지 말고 신중하게 고르고 골라 투자해야 한다는 말이다. 이렇게 투자하려면 투자대상에 대해 더 많이 공

부하고 조사하며 연구하고 확신이 있어야 한다. 그렇지 않으면 집중
투자를 할 수 없다. 일부 금액을 조금 투자하는 것은 얼마든지 할 수
있지만 보유자본의 50% 이상을 투자하는 것은 쉽지 않다.

실제로 사업을 하든 투자를 하든 성공한 사람들의 대부분은 거의
예외 없이 자신이 할 수 있는 것에 집중한다. 그렇게 하지 않고 성공
한 사람은 볼 수 없다. 실패하는 대다수는 쓸데없이 사업 다각화를 한
다거나 투자금을 여기저기에 찔끔찔끔 넣는다. 크게 성공해서 자산
을 안정적으로 관리하려는 경우에는 포트폴리오(portfolio, 주식투자에서 위험을
줄이고 투자수익을 극대화하기 위해 여러 종목에 분산투자하는 방법)가 바람직한데, 어디까
지나 자산증식이 아니라 유지 보수할 때 적합한 방법이다. 대부분의
사람들은 자산이 많지 않으니 이 방법이 적합하지 않다.

사실 1,000만 원을 20종목에 50만 원씩 투자하면 안정적인 포트폴
리오는 될 수 있겠지만 그 중 몇 종목이 상승하고 하락하면 평균 수익
은 그다지 크지 않다. 한두 종목에서 크게 상승해도 다른 종목의 영향
을 받기 때문이다. 큰 상승을 보여도 전체 보유자산은 크게 늘지 않는
다. 이렇게 투자하는 사람들은 개별 기업에 대해 잘 모르는 경우가 많
다. 연구하고 조사하면 저절로 확신이 든다. 확신이 지나치면 문제되
겠지만 투자자라면 확신이 있어야 한다.

이 책에 소개된 투자자들은 모두 여기저기 기웃거리지 않고 자신
이 판단할 때 확실하다고 생각되는 기업에 집중한다. 여기서 집중은

단순히 보유현금을 전부 투입하는 것을 의미하는 것은 아니다. 다양한 요소를 분석해 스스로 결정을 내리고 주변 상황에 흔들리지 않고 뚝심 있게 걸어가야 한다. 가장 인상적이었던 것은 글렌 그린버그와 워런 버핏이 함께 아침 식사를 하며 나눴던 대화였다. 이 대화를 듣고 깜짝 놀랐다.

글렌 그린버그는 워런 버핏에게 케이블업계에 대한 조언을 들었다. 워런 버핏은 부정적인 의견을 제시했다. 다른 사람도 아니라 워런 버핏이 말이다. 글렌 그린버그는 워런 버핏의 의견을 듣고 깜짝 놀란다. 자신의 생각과는 다른 의견을 제시했으니 말이다. 집중투자를 했던 글렌 그린버그는 워런 버핏의 조언을 듣고 자신이 연구하고 조사한 내용을 의심하지 않았다. 깜짝 놀랐을지언정 포기하지 않고 자신이 내린 결정대로 뚝심 있게 케이블 기업에 투자해 큰 성공을 거두었다.

책에서 소개된 루 심프슨, 존 메이너드 케인스, 켈리, 섀넌, 소프, 워런 버핏, 찰리 멍거는 이미 다른 책을 통해 널리 알려졌는데, 이 책은 이들의 투자에 대한 이야기를 다시 되새김질하는 역할을 했다. 유일하게 크리스티안 시엠이라는 인물은 이 책을 통해 처음 접했다. 그럴 수밖에 없는 것은 그는 투자자보다는 기업가로 봐야 하기 때문이다. 노르웨이 출신답게 주로 시추를 비롯한 조선 기업들을 인수합병하고 위기에 처한 기업들을 되살렸다. 이런 내용은 전형적인 기업가의 성공 스토리라 다소 책의 내용과 동떨어진 것 같지만 흥미롭고 재미있기도 했다.

저자가 크리스티안 시엠을 소개한 것은 바로 잉여현금 때문이다. 이 책에 소개한 다른 투자자들은 자기 돈보다는 타인의 돈을 이용했다. 타인의 돈을 이용할 때 가장 큰 문제점은 유동성이다. 무엇보다 집중투자를 하게 되면 오랜 시간 동안 인고의 세월을 보낼 수도 있고 수익이 조금 생기면 투자금을 회수하려는 사람도 있게 마련이다. 이제 막 수익을 낸 시점에서 투자금을 회수해 간다면 억울하다. 앞으로 10배는 오를 텐데 겨우 2배 올랐다고 돈을 달라고 하니 말이다.

하지만 이 책은 대출을 받아 투자하라고 하지는 않는다. 대출받아 투자한다면 계속 보유하고 싶어도 대출상환 압박 때문에 자유로울 수 없다. 책에 소개된 투자자들은 다양한 조건과 방법으로 타인의 자본을 이용했다. 그러면서도 그 자본을 쉽게 찾아갈 수 없도록 해서 훨씬 더 여유롭게 투자할 수 있었고 과실을 마음껏 따 먹을 수 있었다. 이제 막 열매가 생겼다고 따 먹으면 안 된다. 고로 집중투자는 아무나 쉽게 할 수 있는 투자가 아니다. 여러 가지를 감안하고 해야 한다.

초보투자자가 처음부터 집중투자를 하는 것은 쉽지 않다. 책에 소개된 투자자들도 처음부터 집중투자를 하지는 않았다. 여러 방법을 써 본 후에 집중투자가 가장 좋다는 결론을 내려 지금은 집중투자를 한다. 현재 투자로 성공한 사람들이 집중투자로 큰 이득을 보고 있다고 하니, 실력도 능력도 그 무엇도 부족한 나는 이 방법을 따라해야 하지 않을까 싶다.

현재 내가 보유하고 있는 기업의 주식은 6개다. 그동안 여러 기업에 투자했지만 단 한 번도 10개를 넘긴 적은 없다. 보유하는 기업의 수가 늘 그 이상을 넘은 적이 없다. 이러한 선택 때문에 큰 수익을 거두진 않았지만 최소한 관리 측면에서 좋았고 기업을 분석하는 데 많은 시간을 허비하지 않아서 좋았다. 그리고 앞으로는 기업의 수를 더 줄여서 집중투자를 하려 한다. 쓸데없이 이 기업 저 기업을 기웃거리는 것보다는 분석한 기업을 지속적으로 추적관찰하며 살펴보고 과거와 현재, 미래를 그려보는 것이 훨씬 더 좋다.

책에서 가장 중요하게 여기는 것은 기질이다. 지식도 똑똑함도 중요하지만 그보다는 기질이 더 중요하다. 기질이 없으면 집중투자가 쉽지 않다. 기질은 타고나는 것이라고 착각할 수 있다. 그렇지 않다. 인간은 변할 수 있다. 근본 본성은 변하지 않을지라도 말이다.

책에서 중요하게 설명하는 켈리공식은 될 수 있는 놈에게 더 집중하라는 의미다. 그러기 위해서는 철저히 조사하며 분석하고 확신을 갖고 자본을 투입해야 한다. 그리고 최대한 인내하며 또다시 투자한 기업을 조사하고 분석하며 흔들림 없이 보유하며 변화과정을 함께 살펴야 한다. 한마디로 투자한 기업과 일정 기간 동안 동업한다는 마인드로 함께 걸어가야 한다. 그럴 자세를 갖춘다면 지금부터 집중투자할 대상을 찾아 나서자.

10

PSR 0.75 이하 투자, 『슈퍼 스톡스』

켄 피셔는 전설적인 투자자인 필립 피셔의 아들이다. 대를 이어 잘하기는 힘든데 켄 피셔는 어떻게 보면 아버지를 능가했다. 아버지를 능가한 가장 큰 이유는 아버지의 영광에 머물지 않고 오히려 부정하며 자신의 길을 걸었기 때문이다. 대체적으로 훌륭한 투자자들은 좋은 책을 쓰는 경우가 드물다. 직접 책을 쓰지 않기도 하고, 책을 쓰더라도 기껏해야 1권 정도로 끝낸다. 반면에 켄 피셔는 자신만의 투자철학과 방법을 소개한 책을 여러 권 펴냈다.

그중에서도 가장 유명한 책은 『슈퍼 스톡스』다. 이 책은 무엇보다 새로운 투자 개념을 세상에 선보였다. 이제까지 투자자들은 PER(주가

부의 공부법

수익비율. 현재 시장에서 매매되는 특정회사의 주식가격을 주당순이익으로 나눈 값)이나 PBR(주가를 주당순자산가치로 나눈 값)에 큰 비중을 두고 투자했다. 투자자라면 한두 가지만으로 판단을 내리는 것은 위험하지만 간결하고 간소화할 필요도 있다. 그런 면에서 가장 확실히 참고할 수 있는 방법 중 하나이다. 여전히 이 방법으로 투자하는 사람들이 많다.

켄 피셔는 PSR(주가매출비율. 주가를 주당 매출액으로 나눈 것으로 기업의 성장성에 주안점을 두고 상대적으로 저평가된 주식을 발굴하는 데 이용하는 성장성 투자지표를 말한다. PSR이 낮을수록 저평가되었다고 본다.)를 가장 중요하게 고려해서 좋은 성과를 거둘 수 있었다.

이 책이 출간된 지는 이미 30년이 흘렀다. 책에서 소개한 PSR을 근거로 투자한 사람들이 성공했는지는 중요하지 않다. 분명한 것은 PER처럼 PSR도 투자자들이 주목해야 할 확실한 지표 중 하나로 인정받았다는 것이다. 여전히 증권사들은 PER을 대표적인 지표로 보여주고 있지만 PSR도 지표 중 하나이다.

가장 널리 알려진 PER 지표에 근거해 투자하는 방법을 쓴다고 모든 투자자가 수익을 내는 것이 아니다. 어떤 방법으로 해당 투자지표를 이용하고 응용하느냐에 따라 수익과 손해가 결정된다. PSR은 주가매출비율이다. 이것을 계산하는 공식은 '시가총액/매출액'이다. 이 책은 이렇게 나온 지수가 0.75 이하라면 매수하라고 알려준다. 보통 순이익을 중요하게 여기는데 이 책에서는 매출을 더 중요하게 여긴다. 투자할 때는 다양한 것들을 살펴봐야 한다. 순이익은 물론이고 매출액도 함께 살펴야 한다.

순이익은 매출에 비해 훨씬 더 들쭉날쭉하다. 매출이 늘어났는데도 순이익이 줄어드는 경우도 있다. 매출이 더 이상 늘지 않고 일정한데도 순이익이 늘거나 줄기도 한다. 아무래도 순이익을 좀 더 중요하게 살펴야겠지만 매출도 살펴야 한다. 기업은 매출이 없으면 안 된다. 매출이 없으면 순수익도 생기지 않는다. 그런데 매출은 무한정 늘어나지는 않는다. 매출이 늘거나 줄어들기도 한다.

매출이 줄어들면 사실 순이익은 의미 없다. 매출이 줄어들면 기업은 다양한 방법으로 이익을 높이려고 노력한다. 매출이 늘어나야 회사는 살아남을 수 있다. 매출이 늘어날수록 순이익이 함께 늘어나는 것은 자연스러운 연쇄효과다. 그런데 PER로 본다면 순이익이 매출과 상관없이 변동할 수 있다. PSR로 본다면 매출이 줄고 늘어남에 따라 변동한다.

매출이 늘고 있는데도 투자자들이 해당 기업을 외면하는 경우가 있다. 그런 경우는 순이익이 안 좋기 때문이다. 매출이 감소하면 역시나 투자자들은 외면한다. 매출이 감소할 때는 '과연 이 현상이 일시적인 것인지 아니면 추세인지'를 관찰하는 것이 중요하다. 그 점을 잘 관찰해서 투자한다면 분명히 큰 수익을 거둘 수 있다. 이러한 것을 이 책은 '슈퍼 스톡스'라고 표현한다. 슈퍼 스톡스를 위해서는 먼저 슈퍼 컴퍼니를 발견해야 한다. 이 책의 저자는 슈퍼 스톡스 덕분에 3년 만에 10배의 수익을 거둘 수 있었다.

2배도 아닌 10배라니 어머어마하다. 특정 시기에 해당 기업의 주가가 갑자기 급등하는 경우가 있다. 해당 기업을 바라보는 사람들의 관점이 달라졌을 뿐만 아니라 더 큰 희망을 갖기 때문이다. 이런 기업을 발견하더라도 인내가 중요하다. PSR 0.75 이상에서 매수하면 아무런 의미가 없다. 그 이하에서 매수해야만 큰 수익을 낼 수 있다. PSR이 낮으면 매출은 높고 시가총액은 낮다.

매출이 일정 수준 이상으로 높아졌는데 시가총액은 변함없는 상황이 지속되면 무엇보다 PSR이 낮아진다. 매출이 점차 늘어나면 당연히 순이익도 높아진다. 이런 기업을 사람들이 좋게 보지 않으면 그게 더 이상하다. 매출을 늘리기 위해 가장 중요한 것은 마케팅이다. 아무리 좋은 제품을 만들어도 팔리지 않으면 아무 의미가 없다. 이를 위해서는 마케팅을 통해 사람들에게 알리고 팔아야 한다. 그런 의미에서 보조지표로 PSR을 활용한다. 이는 R&D를 보는 거다.

모든 투자는 사실 역발상이다. 나는 남들이 눈여겨보지 않는 것을 눈여겨본다. 남들이 아니라고 할 때 그 기업을 살펴본다. PSR이 낮다는 것은 기업이 사람들에게 관심받지 못한다는 뜻이다. 이런 기업을 보면서(필터링) 조사한 후에 기다리면 된다. 어찌 보면 이 방법이 마냥 쉬워 보이지만 어떤 투자방법이든 어떻게 실행하느냐가 중요이다. 얼마나 잘 인내하느냐에 달려 있다. 매수하고 수익이 날 때까지 참고 기다리는 것이 핵심이다.

11

단순하지만 성공적인 투자,
『치과의사 피트씨의 똑똑한 배당주 투자』

2016년 여름에 피트 황의 『치과의사 피트씨의 똑똑한 배당주 투자』를 읽었는데 3년 만에 다시 읽게 되었다. 이 책을 쓸 당시에 책 제목처럼 치과의사였던 피트 황은 현재 전업투자를 하고 있는 것으로 알고 있다. 심지어 이 책에 소개된 국채시가배당률(시가배당률을 국채 금리와 대비해 살펴봄으로써, 경기상황까지 고려해 투자판단의 정확성을 높이는 투자법)을 이제는 증권사는 물론이고 금융회사에서도 교육할 정도가 되었다. 이런 표현은 뭐하지만 하나의 문파를 이뤘다고 할 수 있다. 위대한 투자자가 되는 것은 어렵다. 특히나 사람들 사이에 오래도록 회자되는 투자자가 되는 것은 더 어렵다.

부의 공부법

그런 투자자가 되기 위해서는 단순히 투자를 잘하는 것만으로는 부족하다. 수익을 높게 내는 것으로도 힘들다. 자신만의 확실한 원칙이 있어야 하고 이를 뒷받침할 자신만의 투자방법도 있어야 한다. 그런 면에서 국채시가배당률은 상당히 뛰어난 주식투자방법이다. 게다가 일반 투자방법에 비해 어렵지도 않다. 더구나 안전하면서도 확실한 방법이기도 하다. 기업이 배당을 준다는 것보다 확실한 시그널은 없다. 기업이 돈을 벌고 있다는 것을 알 수 있으니 말이다.

기업은 수익을 내지 못하면 배당을 줄 수 없다. 해마다 배당을 준다는 것은 그만큼 해당 기업의 수익이 꾸준하다는 뜻이다. 여기에 배당성향도 중요하다. 기업이 어느 정도의 수익을 주주에게 배당해 준다면 주주친화적인 기업이라 할 수 있다. 시가배당률(배당금이 주가의 몇%인지를 나타낸 것)은 중요하다. 주가에 비해 주당배당금(주주에게 지급할 배당금을 발행 주식수로 나누어 구한 것)이 얼마인지에 따라 투자자의 수익도 결정된다. 은행 이자보다 높게 준다면 해당 기업을 매수하지 않을 이유가 없다. 그런 면에서 시가배당률에 따라 매수하는 것도 의미 있다.

시가배당률이 높다는 것은 주가가 저평가되었다는 의미다. 시가배당률이 낮다는 것은 주가가 고평가되었다는 뜻이다. 이를 근거로 해당 기업의 매수와 매도를 결정할 수 있다. 무척이나 단순한 방법이다. 이것만으로도 충분하다. 여기서 저자는 한 걸음 더 나아간다. 충분히 수익을 내고 팔았는데 그 이후로 훨씬 더 주가가 상승한 경우가 많았다. 그 이유를 찾아보니 금리와 관련되어 있었다.

금리가 낮은데 배당률이 높으면 충분히 메리트가 있다. 금리가 2%로 낮은데 시가배당률이 4%라면 주식을 사는 것이 훨씬 이득이다. 은행 이자보다 훨씬 더 많은 돈을 받을 수 있다. 주가마저 상승한다면 사실 배당금으로 얻는 수익보다 훨씬 더 수익을 낼 수 있다. 그런 점에 착안해 국채금리를 기준으로 지난 기간의 배당률을 감안하고 해당 주가의 고평가와 저평가를 감안한 투자방법이 국채시가배당률이다. 이것만으로도 저자는 상당한 수익을 냈다.

어떻게 보면 무척이나 단순한 투자방법인데 이를 실천한 저자가 대단하다. 많은 사람들이 주식투자를 할 때 언제 사야 하고 팔아야 하는지를 항상 궁금해하고 어려워한다. 그런 면에서 단순하지만 확실한 방법을 보여줬다. 이 책은 저자가 실제로 투자한 방법을 설명한다. 어떤 이유로 해당 기업을 발견했고 매수했으며 매도했는지를 알려준다. 이 과정에서 국채시가배당률에 따라 결정하는 모습을 보여준다. 여러 기업을 소개하고 있으니 참고하기에도 좋다.

이 책이 오래도록 사람들에게 선택받는 이유가 있다. 투자방법을 설명하면서 실제 사례까지 보여줬으니 이보다 확실한 것이 없다. 책에서 소개한 여러 기업들이 현재 어떻게 되었는지가 궁금했다. 저자는 이미 해당 기업에 투자해 수익을 내고 팔았기에 의미 없을 수도 있지만 친절하게도 10년 동안의 국채시가배당률도 보여줬으니 공부하는 데 오히려 도움이 되지 않을까 싶다. 여기서 변수는 현재 금리가 낮다는 것이다. 그런 관점에서 봐야 한다.

현재(2020년 11월 기준) 3년 국고채수익률은 0.96이고, 시가배당률(2019년 기준)은 동양고속(16.9%), 한국기업평가(14.3%) 순으로 높다. 참고로 시가배당률은 증권정보포털(SEIBRO) 사이트(http://seibro.or.kr)에서 '주식→배당정보→배당순위' 순으로 검색하면 알 수 있다. SEIBRO 사이트에서는 해당 기업의 10년간 배당률도 알 수 있는데, 3년 국고채 금리도 따져본 후에 투자처로 적합한지 살펴야 한다. 또 해당 기업에 대한 사업보고서를 읽으면서 발전 가능성 등도 살펴야 한다. 투자는 단순하게 한다면 쉽지만 세부적으로 들어가면 복잡하고 어렵다. 여하튼 국채시가배당률로 주식투자에 입문하는 것도 좋다.

12

경제 공부도 되는 채권투자 필독서, 『채권투자 핵심 노하우』

　처음에 경제 공부를 할 때 가장 어려웠던 것은 환율과 채권이었다. 둘 다 현재 벌어지는 현상과 반대로 생각해야 하는 것이 어려웠다. 올라가면 좋아야 하는데 그게 아니다. 내리면 나빠야 하는데 그것도 아니다. 이처럼 현재 벌어지는 현상을 이해하고 파악하는 것이 어려웠다. 더구나 단순히 투자 대상으로 보는 것에 그치지 않고 전체 그림을 볼 줄 알아야 한다는 점에서 더 어려웠다. 경제가 어떤 식으로 굴러가는지도 모르겠으니 말이다.

　지금이라고 다를 게 없다. 여전히 잘 모른다. 그나마 오랜 시간 동안 꾸준히 관심을 갖게 되었다. 최소한 10년 정도를 관심을 갖다보니 그나마 용어 정도는 알게 되었다. 금리와 채권가격의 상관관계도 알게 되었다. 채권은 단순히 이자를 주는 투자처가 아니다. 단순하게 생각하면 채권에 투자하면 이자를 받는다. 그런데 금리는 늘 변동한다. 이에 따라 이자를 지급하는 채권의 몸값이 달라진다.

이자를 5% 지급하는 채권이 있는데 금리가 3%가 된다면 무척이나 훌륭한 채권이다. 무려 2%나 더 수익이 나게 된다. 그러면 서로 그 채권을 사려고 한다. 이에 따라 채권가격이 상승한다. 이 경우 이자는 물론이고 채권가격 상승에 따른 이득까지 취할 수 있다. 이처럼 채권가격이 상승하고 하락하는 것에 따라 채권을 사고팔면 충분히 이익을 낼 수 있다.

그런데 경기가 나빠지면 금리가 하락한다. 이에 따라 기존 채권의 몸값이 귀해진다. 경기가 좋아지면 금리가 상승한다. 기존 채권의 몸값이 떨어진다. 이에 따라 채권투자를 달리해야 한다. 이렇기에 금리 하락기에는 안정적인 국채에 투자하고 상승기에는 다소 위험을 감수하고 하이일드 채권(고수익·고위험 채권)에 투자해야 한다. 하이일드 채권은 신용등급이 낮은 회사가 발행한 채권으로 부도위험성이 큰 채권이다. 반면에 이 채권은 위험성이 큰 만큼 이자율이 높다. 이자율이 1년에 20~35%인 채권도 있다.

개인투자자들은 채권에 거의 투자를 하지 않고 있지만 가장 큰 자산이다. 주식보다도 자산 규모가 크다. 주식은 회사들이 발행한 것이

전부인 데 반해 채권은 기업은 물론이고 공공기간과 국가도 발행한다. 이러다보니 그 규모가 가장 크다. 대부분의 개인은 채권과 무관한 투자를 하다보니 별 관심이 없다. 그래도 채권을 알아야 한다. 채권을 알면 경제가 어떻게 돌아가는지 알 수 있기 때문이다.

아쉽게도 채권을 다루는 책은 그다지 많지 않다. 특히나 채권투자와 관련된 큰 그림을 보여주는 책도 드물다. 그런 점에서 마경환의 『채권투자 핵심 노하우』는 읽어볼 가치가 있다. 채권투자에 있어 중요한 것이 무엇인지 알려주고, 채권으로 이익을 내려면 경제를 알아야 하는데 그 방법을 알려준다. 우리가 어떤 것을 알아야 하는지 자세히 설명한다.

채권투자에서 가장 중요한 것은 가산금리다. 현재 금리에 채권의 이자까지 합쳐 이자를 주는 것을 가산금리라고 한다. 금리보다 이자를 많이 줘야 사람들이 매입하려 한다. 주식에 비해 상대적으로 안정적인 채권이지만 금리에 어느 정도의 이자를 더 쳐줄 것인가에 따라 사람들이 매수할 니즈를 갖는다. 이런 가산금리에 따라 채권가격은 수시로 달라진다. 가산금리가 높다고 무조건 좋은 것은 아니다. 부도 위험성이 높을수록 높은 이자를 제시한다. 이 점을 염두에 둬야 한다.

채권 중에는 해외 채권도 있다. 해외 채권은 단순히 이자만 보면 안 되고 환율까지 따져야 한다. 기껏 이익을 냈는데 환율에 따른 손해를 볼 수 있다. 선진국이 아닌 경우에는 환헤지(Foreign Exchange Hedge, 환위험을 극복하기 위해 환율을 미리 고정해 두는 거래방식)를 하지 않는다. 환헤지 금액이 오히려 더 클 수 있기 때문이다. 그만큼 위험성을 알고 투자해야 한다. 최근에는 국내에서 ETF로 투자할 수 있는 다양한 채권투자가 존재한다. 국내 채권뿐만 아니라 해외 채권도 거래 가능하다. 주식시장이 안 좋을 때 채권투자로도 충분히 수익을 낼 수 있다.

이 책은 채권에 대해 알려주는 앞부분도 좋았지만 그보다는 뒷부분이 더 좋았다. 채권투자에서 경제는 무척 중요하다. 사실 채권뿐만 아니라 자산시장에서 움직이는 모든 것들이 경제의 영향을 받기 때문이다. 경제가 어떤 상황이고 향후 어떻게 펼쳐질지 미리 아는 것은 엄청난 것이다. 이를 위해 무엇을 알아야 하는지에 대해 대부분 잘 모른다. 한국보다 미국 상황이 더 중요한데 이 책은 우리가 꼭 알아야 할 것들을 알려준다.

미국의 고용보고서, 소비자물가지수, 제조업구매자지수, 생산자물가지수, 주간실업수당 청구건수 등이 경제의 바로미터인데, 이것들을 토대로 향후 경제를 전망할 수 있다. 또 이 책은 이들 미국 경제지표들을 어디에서 구해 볼 수 있는지도 알려준다. 게다가 어떤 식으로 해당 홈페이지에서 지표들을 찾아야 하는지도 친절히 설명한다. 또한 그 지표가 무엇을 의미하는지도 알려준다. 단순히 채권투자를 위해서가 아닌 경제 전반을 배우려는 사람에게 도움이 될 책이다.

제4부

부동산투자,
공부한 만큼 성공한다

부동산투자를 위한 입문서,
『대한민국 부동산 투자』

　　나는 최근에 부동산투자와 강의를 하는 많은(?) 사람들을 알고 있다. 예전(7~8년 전)부터 알게 된 사람도 있고 최근 2~3년 사이에 알게 된 사람도 있다. 그중에서 가장 오래되었고 자주 만나는 사람이 『대한민국 부동산 투자』의 저자인 김학렬이다. 다른 분들은 거의 대부분 우연히 잠깐 만나 이야기를 나누지만 이 책의 저자와는 따로 약속을 잡고 만나 1~2시간 정도 담소를 즐겼다. 우리는 2~3개월에 한 번은 어김없이 만나 이야기를 나눈다. 정작 투자이야기는 서로 거의 하지 않지만.

　　내가 먼저 글을 써서 사람들에게 알려졌지만 이제는 나보다 '빠숑'

이라는 그의 닉네임이 더 많이 알려졌다. 부동산 분야에서 빠숑만큼 매일같이 글을 쓰는 인물이 없다. 그것도 양질의 글을 부동산 분야뿐만 아니라 다양한 분야의 글을 이토록 생산적으로 쓰는 것은 그가 유일할 것이다. 나는 잡다한 글을 다양하게 쓰고 있는데, 빠숑은 부동산 분야의 글을 지속적으로 쓰고 있으니 정말로 대단한다. 그것도 회사에 다니면서.

그는 다른 부동산 투자자 등 아는 사람들을 모두 챙기고 신경 쓰는 것을 소홀히 하지 않는다. 이러니 다들 빠숑이라고 하면 껌뻑 죽는다. 황송하게도 나를 참 많이 챙겨준다. 굳이 초대도 해주고 밥 먹자고 부르기도 한다. 부동산 전문가로 인정받으며 인성도 좋으니 더 이상 무슨 말이 필요할까. 심지어 어떤 분은 내게 "빠숑은 너무 착해!"라고 이야기한 적도 있다.

단 둘이 만나 이야기할 때면 책에 대한 이야기를 더 많이 한다. 서로 상대방에게 덕담을 하며 책이 잘되었으면 좋겠다는 이야기도 하지만 우리도 언제 책이 대박 날까 하는 이야기도 나누었다. 좋은 책을 써서 더 많은 사람들에게 사랑받았으면 좋겠다는 이야기도 했다. 나는 여전히 멀었지만 드디어 빠숑 김학렬은 해냈다! 이 책이 예스24 경제경영 분야에서 1등을 했기 때문이다. 이건 엄청난 일이다. 잘 모르는 사람들은 그러려니 할지 몰라도.

한 분야에서 1등을 한다는 것은 대단한 일이다. 학교 다닐 때 학교에서 1등하는 것도 쉽지 않고 반에서 1등하는 것도 쉽지 않다. 이 어려운 일을 경쟁이 빡센 분야에서 해냈으니 놀라운 일이다. 내 첫 번째 목표가 책을 출간해 해당 분야에서 1등을 하는 것이었는데 그가 먼저 해내서 부럽고 축하한다. 부동산 책으로 1등을 하는 것은 극히 드문 일이다. 이 어찌 부럽지 않겠는가. 전체 베스트셀러 1위를 하면 몇 년 동안 먹고사는 데 지장 없다고 하는데, 이 정도라도 이루었으니 놀라운 일이다.

좀 장황하게 저자에 대한 소회를 밝혔다. 이 책을 읽고 무엇보다 먼저 든 생각은 '참 잘 만들었다'이다. 얼마나 저자가 편집과정에서 관여하고 의견을 냈는지는 모르겠지만 책의 가독성도 훌륭하고 내용을 뒷받침하는 그림과 사진이 많아 머릿속에 쏙쏙 들어오게 구성되었다. 당초 계획보다 2∼3달 정도 책이 늦게 나왔는데 충분히 그럴 만하다. 이런 구성이라면 나도 책을 쓴 사람이니 고개를 끄덕였다.

적재적소에 내용을 풍요롭게 하는 그림이 곁들여졌다. 중요하고 강조해야 할 부분에는 따로 그림이나 표로 이를 표현했다. 글을 읽으며 나도 모르게 그림을 보며 다시 한 번 머릿속에 새기니 쏙쏙 들어왔다. 주식 책은 차트 같은 것들을 보여주며 그림으로 설명하는 경우가 많은데 반해 부동산 책은 거의 글로만 구성되어 있는 경우가 많다. 부동산 책도 그림과 사진을 곁들이면 내용을 충실히 전달할 수 있을 텐데 말이다.

사람들에게 회자되는 책이 되려면 새로운 개념이나 이미지를 충분히 전달해야 한다. 그 개념과 이미지가 올바르냐에 대한 판단은 각자 읽는 독자의 몫이지만 성공한 책은 어김없이 그런 요소가 있다. 『대한민국 부동산 투자』에는 그런 요소들이 많다.

이 책에서 몇 가지 인상적인 것 중 하나는 '슬세권'이다. 슬리퍼를 신고 다닐 수 있는 핵심 상권이 있는 지역의 아파트가 슬세권이다. 우리가 '역세권'이라 부르는 아파트를 빗대어 만든 개념이다. 최근 판교에 있는 현대백화점에서 트레이닝복을 입고 돌아다니는 사람들이 있다. 바로 앞에 거주하는 아파트 거주민들이 그런 차림으로 오는 것이다. 기존의 아파트는 백화점과 대체적으로 멀었지만 이제는 슬리퍼를 신고 백화점 등에 갈 수 있는 아파트를 선호한다.

이외에도 서울 아파트를 등급별로 구분해서 참조하도록 만들었다. 이런 다양한 개념을 알려주는데 부동산을 바라보는 큰 틀을 제시할 뿐만 아니라 세부적으로 어떻게 접근해야 하는지도 알려준다. 무엇보다 저자는 책을 새로 쓸수록 그 내용이 더 좋아지고 발전하고 있다. 특히나 부동산 분야에는 무책임한 내용으로 사람들을 현혹시켜 자기 배만 불리는 저자가 많은데, 그는 이들과는 전혀 다른 저자다.

부동산투자도 결국에는 사람으로부터 출발한다. 부동산 자체는 인간이 아니지만 부동산을 매매하고 관리하고 거주하는 것은 사람이기 때문이다. 사람에 대해 알아야 할 필요가 있다. 그런 점에서 사람을 이해하는 저자의 관점도 배울 만하다.

갈수록 빠숑은 뛰어난 스토리텔러가 되고 있다. 아무리 훌륭한 콘텐츠를 갖고 있어도 이를 스토리텔링할 능력이 없으면 사람들은 모른다. 나는 아직까지 스토리텔링을 제대로 못해서 늘 고민 중인데 드디어 스토리텔링까지 결합된 이 책을, 많고 많은 부동산 책 중에서 어떤 책을 선택해야 할지 고민하는 당신에게 추천한다.

02

역사를 통해 배우는 부동산투자, 『대한민국 부동산 40년』

　　도서관에서 이 책을 발견할 때마다 읽고 싶다는 충동이 일었지만 참았다. 『부동산은 끝났다』의 저자인 김수현이 이 책을 추천할 때 다시 한 번 읽어야겠다고 마음먹었지만 다시 미뤄졌다. 드디어 마음먹고 읽게 되었다. 예상대로 독서를 위한 시간을 꽤 오래 투자해야 했다. 1967년부터 2007년까지의 대한민국 부동산의 역사를 설명하고 있어 꽤 방대했다. 아쉬운 것은 시간 순서대로 책이 구성되었으면 좋았을 텐데 저자들이 각자 맡은 파트에 따라 쓴 글들을 연결해서 조금은 중구난방이었다.

　　그래도 흥미로운 이야기가 많았다. 무엇보다 『대한민국 부동산 40

년』을 저술한 국정브리핑 특별기획팀은 정부조직에서 근무하는 사람들이다. 그들은 정부의 자료를 모두 볼 수 있는 장점이 있고, 부동산 관련 정책이 만들어지는 과정에 참여한 사람들이라서 토론한 내용과 주요 대화까지 책에 수록했다. 이 책이 출간된 2007년을 비롯한 노무현 정부 당시에 대해 매우 자세히 소개했다. 당시에 등기부등본에 실거래가를 등기하는 제도 등으로 한국 주택은 점점 투명해졌다. 노무현 정부의 부동산 정책에 대해 용비어천가식으로 칭찬하는 것은 좀 거슬렸지만 당시의 정책이 주택가격을 안정화시킨 데 도움된 것은 사실이다.

또 노무현 정부는 임대주택을 서울과 수도권에 지속적으로 공급했는데, 시장에 꽤 영향을 미쳤다. 비록 노무현 정부 시절 주택가격이 높게 상승해 욕먹었지만 임대아파트 확대는 국민 거주 안정성 측면에는 큰 도움이 되었다. 문제는 그 후에 정부에서 임대아파트 등의 공급을 중단했다는 점이다. 지속적으로 추진했다면 지금과 같은 서울, 수도권의 주택가격 상승은 피할 수 있을지도 모른다. 일본이 지속적으로 공급해 주택가격이 안정화(?)되었던 것처럼.

이 책을 읽으니 역시나 역사는 반복된다는 것을 뼈저리게 느꼈다. 수요와 공급, 유동성, 대출규제 등에 따른 주택가격의 상승과 하락이 지겹게 반복되고 되풀이되며 한국 부동산의 도돌이표가 완성되었다. 한국이 발전하고 경제가 성장하자 인구가 늘어나고 이에 따라 도시로 유입되는 사람이 많아졌다. 그로 인해 거주할 공간이 필요해졌다. 도시가 확장되며 그에 걸맞게 주택을 건설했다.

처음에는 토지가 필요하니 토지가격이 오른다. 어느 정도 주택을 건설할 토지를 확보한 후부터는 주택가격이 오르기 시작한다. 최초에는 서울부터 가격이 오른다. 시간이 지나며 서울에 몰리는 인원을 분산하기 위해 경기도에 신도시를 건설한다. 이 도시들은 대부분 계획도시다. 기반시설이 갖춰지고 시간이 지나자 많은 사람들이 거주하며 주택가격이 상승한다. 이런 패턴으로 공급과 수요가 생기고, 여러 규제와 완화에 따라 주택가격은 상승과 하락을 반복한다.

그리고 시간이 지나며 학군이 주요 요건이 된다. 주택가격에 학군이 미치는 영향은 무시할 수 없다. 학군이 좋은 아파트와 그렇지 않은 아파트의 가격 격차는 갈수록 커진다. 학군이 좋은 아파트는 수요에 비해 공급이 부족하니 갈수록 가격이 오를 수밖에 없다.

한국에서 전세는 1876년 병자수호조약(강화도조약)에 따른 3개 항구 개항과 일본인 거류지 조성, 농촌인구의 이동 등으로 서울 인구가 늘어날 때 생겼다. 1900년대 초반에는 주로 경성 내에서 전세 제도가 행해졌는데 전세 기간은 대개 1년 정도였다. 기간을 정하지 않은 곳도 있었는데 1981년 이전에는 6개월마다 한 번씩 전세보증금을 올려줘야 했다. 1990년대에는 전세 공급이 지속되었지만 IMF 이후인 1998년부터 공급이 줄어들며 전세가격이 2001년부터 본격적으로 상승했다. 당시에 저금리와 맞물리며 집주인은 전세를 월세로 전환했다.

당시에 서울은 전세가 월세로 전환되는 물량이 60%였고, 분당구 구미동과 서현동은 월세 비중이 무려 80~90%에 달하기도 했다. 2005년 통계청 발표에 의하면 전세가구는 356만 가구였고 월세가구는 301만 가구였다. 2000년에 비해 전세 가구는 48만 가구 줄었다.

한국에서 임대주택은 주택공사가 1971년 서울 개봉동에 13평짜리 아파트 300채를 공급하면서 등장하기 시작했다. 주공이 3억 원을 들여 건설했다. 원래 분양주택이었지만 분양가 135만 원에 미분양이 되어 1972년 4월에 임대아파트를 공급했다. 임대조건은 보증금 10만 원에 월세는 층에 따라 6,100~6,800원이었다. 당시 개봉임대아파트는 13대 1의 경쟁률을 보였고, 이후 한강시영아파트는 150만 원짜리 전세로 공급하려 했으나 결국에는 월세 임대로 전환했다.

『대한민국 부동산 40년』에 의하면 2003년부터 총 150만 호의 공공임대주택 건설을 목표로 했다. 2006년까지 35만 6,209호를 건설해 당초 계획 대비 91.3%를 달성했다. 자금을 확보해야 하는 등의 문제 때문에 부담스러운 사업이었지만 임대주택의 역사를 되돌아볼 때 불가능한 일은 아니었다. 정치적 의지만 있다면 예산이 부족해도 재정투자가 이뤄질 수 있다. 2007년 1·31대책을 발표하며 공공임대주택의 비중을 총 주택량의 20%까지 늘리겠다고 했는데, 이로 인해 서울과 수도권의 아파트가격이 안정화되기도 했다.

그런데 현재도 임대아파트는 이미지가 안 좋다. 여러 이유가 있겠지만 교육 문제를 개선해야 임대아파트의 이미지가 개선될 것이다. 임대아파트 근처 학교에 가장 실력 있는 교사를 배정해야 한다. 학교 차원에서 방과 후 수업을 진행하며 아이들의 학력 수준을 높여야 한다. 일반 고등학교보다 더 좋은 성적을 받아 명문대에 가는 학생들이 많이 나오면 임대아파트의 이미지가 달라질 수도 있다고 본다. 이런 것은 정부가 의지를 갖고 한다면 가능하지 않을까?

이 책의 말미에는 부동산가격이 상승한 것은 주택 공급과 유동성 때문이라고 말한다. 이 책은 정부가 공급시차 관리와 대출규제를 제대로 행하지 못했기에 부동산가격이 올랐다고 반성한다. 아울러 가장 중요한 것은 정부의 정책이 일관성을 유지하는 것이라고 이야기한다. 내가 여러 번 언급한 것처럼 국토교통부에 근무하는 공무원들은 일반인이나 투자자보다 사실 더 잘 안다. 어떻게 해야 주택가격이 안정될지를 누구보다 잘 알기 때문이다. 그들은 우리와 달리 더 큰 그림을 갖고 차근차근 정책을 추진한다고 본다. 그들은 주택가격이 과도하게 오르지도 떨어지지도 않고, 관련 산업이 힘들어지는 일이 생기지 않게 하는 정책을 설계하는 것이다.

끝으로 이 책은 분양과 관련된 재미있는 에피소드를 소개했다. 1977년 3월 15일 여의도 목화아파트 분양은 공개추첨이었다. 신청자가 4,000명 정도 몰렸는데 한 사람이 현금 2억 원을 갖고 100가구를 신청했다. 당시 제조업 근로자가 5만 원 이하 월급을 받았다. 어떤 사람은 10가구나 신청했는데 하나도 안 되었다고 볼멘소리를 질렀다. 이후 주민등록증을 확인해 이중 신청을 막으려 했으나 무주택자를 동원해 여전히 10여 개 이상 신청하는 사람이 생겼다. 그때나 지금이나 아파트 분양은 인기다.

그렇게 역사는 반복된다. 하지만 부동산시장에서는 "이번에는 다르다"고 외치는 사람들이 언제나 등장할 것이다. 세상에서 가장 비싼 단어가 경제학자가 말하는 "이번에는 다르다"다. 이번이 다른 것이 아니라 다르다고 착각하는 것이다. 그렇다면 앞으로는 어떻게 될까? 그것에 대해 누구도 모르니 "이번에는 다르다"고 외치는 사람들이 있는 것이다. 그래서 "늑대가 왔다"고 외치는 양치기가 지속적으로 나올 수 있다. 이들의 말에 현혹되어서는 안 된다. 시장을 객관적이고 균형 있게 바라보는 사람들의 이야기에 주목해야 한다.

03

부동산투자의 큰 틀 이해하기,
『부동산 투자 이렇게 쉬웠어?』

부동산도 결국에는 전체 자산시장의 일부다. 누군가는 상승기에 관심을 갖고 투자를 시작하고 누군가는 하락기에 시작한다. 언제 시작하느냐에 따라 결과는 달라질 수 있다. 그런데 하락기보다 상승기에 투자를 시작한 사람들이 문제다. 짧은 시간 동안 가격이 상승하며 이게 운인지 실력인지를 제대로 판단할 수 없을 때가 위험하다. 인간은 인지부조화를 싫어한다. 자신은 투자했고 가격은 상승했다. 자연스럽게 자신이 잘했고 실력이 좋다는 쪽으로 생각한다.

주택가격이 오르고 자산이 늘었는데도 자신의 투자 실력이 부족하다고 여기는 사람은 없을 것이다. 늘 상승기에는 수많은 스타가 나타나고 돈을 벌었다는 이야기가 주변에 넘친다. 아쉽게도 이런 사람들의 대부분은 하락기를 경험하지 못한 경우가 많다. 최근에 펴낸 부동산 책의 저자들도 그렇다. 좋은 정보와 체험담을 알려주지만 실질적으로 오랫동안 투자한 경우가 많지 않다.

『부동산 투자 이렇게 쉬웠어?』의 저자인 신현강(부룡)은 20년 동안 부동산투자를 했다고 한다. 나는 저자를 알고 있다. 다만 그토록 오랜 시간 동안 부동산투자를 했는지는 미처 몰랐다. 물론 오래전부터 그가 쓴 부동산 칼럼을 읽어왔다. 그러나 그는 단 한 번도 자신이 어떻게 투자하고 수익을 냈는지에 대해 이야기하지는 않았다. 오로지 부동산이 어떤 식으로 흘러갈 것인지 알려주고 현재 시황을 설명하는 칼럼만 쓸 뿐이었다. 그 칼럼들은 시장을 바라보는 방향성을 제시하는 역할을 했다.

책이 나왔다고 나에게 연락이 왔다. 나는 "저 같은 사람도 책을 펴냈는데 부룡님 책이 이제야 나온 것은 너무 늦었다"고 덕담을 건네주었다. 실제로 그렇다. 지금까지 썼던 그의 칼럼만 모아도 충분히 책 한 권으로 나올 수 있으니 말이다. 책 제목이 다소 도발적인데 이 책을 읽으면 충분히 수긍할 수 있다. 이 책은 부동산의 흐름에 따라 투자하는 방법을 쉽고 재밌게 소개한 책이라 할 수 있다. 자산시장의 희로애락에 맞춰 투자하는 스타일이라고 할 수 있다.

이 책은 부동산가격이 오르고 내리는 것은 기본적으로 수요와 공급 때문이라고 말한다. 수요와 공급은 가격이 형성되는 경제의 기본 원칙이다. 경제의 핵심이자 핵심이다. 그동안 우리는 부동산가격이 수요와 공급에 따라 변한다는 단순한 사실을 소홀히 했다. 그것도 경제를 좀 아는 사람이 그런 경우가 많았다. 수요와 공급에 따라 가격은 결정된다.

공급이 더 이상 없는데 수요가 많아지면 가격은 상승한다. 수요는 없는데 공급이 늘어나면 가격은 하락한다. 이런 아주 단순한 사실이 부동산에도 적용된다. 이 원칙은 어느 지역이든 마찬가지로 통한다. 특정 지역에 사람들이 이주를 하는데 주택은 한정되어 있다. 이런 경우 주택가격은 수요와 공급의 법칙에 따라 상승한다. 사람들이 이주하고 나서도 지속적으로 주택이 공급되면 가격은 상승하지 못한다.

그런데 부동산시장에는 수요와 공급의 불일치가 늘 발생한다. 특히나 주택은 공급을 늘리려 해고 당장 시장에 공급할 수는 없으므로 시차가 존재한다. 또 수요가 넘치는데 공급이 중단되고, 수요가 없는데도 공급이 넘치는 경우도 있다. 이런 점도 고려해야 하고, 자산시장의 흐름까지 헤아리며 부동산시장을 보다 넓은 측면에서 살펴야 한다.

오랜 시간 동안 부동산투자를 했던 저자는 늘 그런 측면에서 주택시장에 대해 알려줬다. 이 책은 그동안 저자가 설명했던 모든 내용을 집대성했다. 몇 번 저자의 특강을 들었던 적이 있는데 그때 설명했던 내용도 포함되었다. 신도시가 성장을 하며 어떤 식으로 흘러가는지 설명한다. 처음에는 잘나가던 아파트가 도시의 성장에 따라 입지가 뒤바뀌는 경우가 생긴다. 이를 지도와 함께 설명하며 이해할 수 있게 알려준다.

사람들은 랜드마크 아파트에 투자하려 하지만 꼭 그럴 필요는 없다. 상승기에는 랜드마크 아파트뿐만 아니라 그 주변 지역의 아파트들까지 도미노처럼 점차 가격이 오른다. 이때 어떤 식으로 퍼질지를 예측하고 더 저렴한 투자대상을 선정해서 기다린다면 랜드마트 아파트에 투자하는 것 못지않게 훌륭한 성과를 얻을 수 있다. 이 책은 이와 관련된 방법들을 자세히 설명한다. 그것도 저자가 직접 투자했던 방법을 소개하고 있다.

투자를 하는 데 있어 '왜'라는 질문은 늘 도움이 된다. 이 책은 그와 관련해 집중적으로 설명한다. 왜 그 지역이 상승했고, 왜 그 아파트가 더 비싼지, 왜 그 아파트에 투자했는지 등 질문에 대해 대답해 준다. 책을 읽고 이를 어떻게 적용할지는 각자의 몫이겠지만 말이다.

단기간에 수익을 내는 방법은 없다. 이 책은 좀 더 긴 호흡으로 주택투자를 하는 방법을 알려준다. 이 방법대로 실천하면서 자신의 욕망만 잘 다스린다면 책 제목처럼 부동산 투자가 쉬울 것이다. 내 경우에는 하면 할수록 부동산투자가 어려운 것 같지만 부동산투자가 주식투자보다 쉬운 것은 사실이다.

04

금융투자법을 응용한 부동산투자, 『돈 버는 부동산에는 공식이 있다』

과거에 나는 금융권종사자 대부분이 부동산투자에 부정적인 의견을 갖고 있다고 생각했다. 부동산투자자와 주식투자자는 각자 투자 영역이 다를 뿐인데 서로 못 잡아먹어서 으르렁거리는 것 같았다. 직접 만나면 그럴 일은 없겠지만 인터넷상에서 상대방을 투기꾼으로 몰았다. 부동산이 과도하게 비싸다는 의견, 주식투자는 도박이라는 의견 등 서로 못 잡아먹어서 난리였다. 똑같은 투자 영역인데 왜 저럴까 싶었다.

나는 금융권종사자들을 제법 만나게 되었는데 부동산 폭락에 대해 믿음 비슷한 것을 갖고 있는 경우가 많았다. 특히 젊은 층에서 이런 견해를 많이 갖고 있었다. 나이를 먹으며 자신이 거주하는 주택 하나 정도는 갖고 있어야 한다고 생각을 바꾸는 사람들도 있지만 부정적인 의견을 많이 갖고 있었다.

시간이 지나며 이런 내 생각은 편협한 것이라고 생각을 바꾸게 되었다. 좀 더 많은 사람을 만나보니 다양한 사람들이 다양한 포지션을 갖고 있을 뿐이었다. 자산운용사에서 부동산 강의를 했더니 의외로 강의를 마치자 부동산에 대해 개인적으로 질문하는 사람도 많았다. 어떤 분은 "역시 그때 구입했어야 하는구나!"라고 혼잣말을 하더니 고맙다고 한 적도 있다. 의외로 금융권종사자 중에는 주식투자를 하지 않고 모은 돈으로 부동산투자를 하는 분들도 있다.

주식투자는 하루에도 엄청난 큰돈이 움직이므로 스트레스가 장난 아니다. 이런 피로감을 이기지 못하고 일부는 부동산투자로 전환하는 경우도 있다. 주식투자에 비해 부동산투자는 여러 가지 부대비용과 세금문제 때문에 싫다고 하는 투자자도 있다. 최근에 주식투자로 명성을 날리고 성장한 미래에셋의 경우 주식투자보다 부동산투자에 좀 더 열을 올리고 있다는 기사도 봤다.

알고 봤더니 생각보다 훨씬 많은 금융인(?)들이 부동산투자를 하고 있다. 아무래도 수입이 상대적으로 많아서 그런지 부동산투자를 하는 금융인이 많다. 『돈 버는 부동산에는 공식이 있다』의 저자는 나와 서로 알고 지내는 사이다. 이 책은 현직 부동산 펀드매니저가 부동산투자에 대해 알려준다. 몇 백억 투자를 하는 저자는 자신이 했던 부동산투자법도 알려준다.

단순히 쉽게 투자했을 것이라 생각하면 오판이다. 저자는 어떤 사람이 부동산투자를 하고 있고 그들의 자산은 어떻게 구성되어 있는지를 자세히 알고 싶었다. 그래서 특정 아파트를 랜덤으로 선정해 그 아파트의 위아래와 옆 호까지 전부 등기부등본을 출력해 연구하고 공부했다. 그리하여 주택 소유자에 대한 정보를 알아냈다. 이런 방법을 일반인이 하기는 어려울 텐데 함께 공부하는 사람들과 100건 정도를 했다니 대단하다.

이 책의 최대 장점은 금융 전문가가 쓴 부동산투자 이야기라는 점이다. 지금까지 주택투자는 금융투자에 비해 주먹구구식으로 행해졌다. 과거에 비해 부동산투자를 정교하게 하고 있는 사람들이 늘어났지만 여전히 부동산투자는 감에 의존하는 경우가 많다. 개인이 주로 투자하는 이유이기도 하다. 민경남의 『돈 버는 부동산에는 공식이 있다』는 금융에서 활용하는 여러 수식과 숫자를 대입해 주택에 투자하는 방법을 알려준다.

이 방법은 감에 의존한(사실 투자에서 감은 무척이나 중요하지만) 투자가 아니라 체계적인 투자를 하는 데 좋은 도구와 참고가 될 수 있다. 그런데 그렇게 하는 것은 그리 만만치 않다. 이런 식으로 접근하지 않았던 부동산투자자에게는 다소 이 책의 내용이 어렵게 다가올 수 있다. 그 부분은 어쩔 수 없다. 몇 번 반복해서 읽어가며 이해하고 직접 적용할 수 있도록 연습하고 실천할 수밖에 없다. 모르면 알기 위해 노력하고 공부하는 것이 투자자의 자세다.

사실 이 책은 출간되기 전에 이미 읽었다. 책으로 완성된 것을 읽는 것과 워드로 작성한 원고를 읽은 것은 차이가 있지만 어떤 내용인지는 알고 있었다. 출간되기 전에 원고를 미리 읽은 것은 과분하게도 나에게 추천사를 부탁해서다. 이 책의 추천사를 써준 다른 사람들의 면면은 내가 감히 명함도 못 내밀 정도인데 나를 좋게 봤나보다. 고마운 마음에 추천사를 길게 써주었다. 부동산투자를 위해서는 갈수록 더 많이 알아야 한다. 그런 점에서 이 책은 큰 도움이 될 것이다.

끝으로 내가 쓴 이 책의 추천사를 소개한다.

"부동산은 한국인의 자산 구성에서 80%를 차지하나, 지금까지는 감에 의존해 주먹구구식으로 매수와 매도를 하는 경우가 많았다. 이 책은 현직 부동산 펀드매니저가 부동산투자 시 알아야 할 기본 개념부터 수익률 계산, 리스크 관리법에 이르기까지의 금융기법을 꼼꼼하게 부동산에 접목하여 알려주는 책이다. 보유한 자본으로 가장 현명하게 투자하는 방법까지 설명하고 있어 투자 여부를 고민하는 사람들에게 올바른 선택을 제시한다. 기회비용과 투자 선택 시 무엇에 가중치를 둘 것인지 등 이 책으로 부동산투자의 지침을 얻기를 바란다."

05

꼭 필요한 정보 얻기,
『부동산 투자 인사이트』

몇 년 전에 대구에서 강의할 일이 있었다. 당시에 자신이 운영하는 학원이 있는데 그곳에서 강의장 대여료 없이 강의해도 된다고 연락해 온 사람이 있었다. 신청자가 제법 많아 학원에서 못 하고 강의장에서 했다. 그때 만난 사람이 『부동산 투자 인사이트』의 저자인 김준영이었다. 나랑 연락을 주고받은 것은 아내 분이었지만 말이다. 그 후로 그가 대구에서 엄청나게 유명한 투자자라는 것을 알게 되었다. 꾸준하게 투자는 물론이고 강의도 한다는 것을 알게 되었다. 소규모로 할 때도 있었지만 대규모로도 했다.

수백 명이 모이는 강연장에서 강의를 하는데 대구뿐만 아니라 전국에서 달려온 많은 사람들이 강의를 듣는 것을 알고 깜짝 놀랐다. 당시 강의 내용 중에 인상 깊었던 것은 부동산투자 공부 방법이었다. 그는 다른 부동산투자자와 달리 여러 연구소의 보고서를 통해 공부했다. 그 보고서들은 일반인이 접할 수는 있어도 꽤 어려운 것들이었다. 전문적인 용어와 내용이라 이해하기 어렵다. 그렇긴 해도 어떤 투자자의 글보다 훨씬 유익할 때가 많다. 가장 큰 이유는 객관성 때문이다.

이 책은 단순히 부동산가격이 상승하거나 하락한다고 주장하지 않는다. 정확한 데이터를 근거로 자신의 주장을 펼친다. 특히나 부동산투자자가 아니라 학자적으로 접근하는 경우도 많아 무척 중립적인 입장에서 부동산에 대해 논하는 경우가 많다. 최근에 상당히 많은 사람들이 부동산 데이터를 갖고 부동산을 전망한다. 얼마 전까지만 해도 부동산 데이터라는 것이 사실 없었다. 대략 3~4년 전부터 본격적으로 데이터가 부동산에 접목되었다.

가장 혁혁한 공은 정부가 세웠다. 정부를 열심히 욕하는 사람들이 많지만 그들이 이용하는 모든 데이터는 사실 정부에서 제공한다. 정부는 열심히 전체 부동산 데이터뿐만 아니라 지역별 데이터를 제공하고 있다. 입주량, 멸실주택, 가구 증가, 인허가 물량, 거래량 등 데이터가 많은데 이것들을 어떤 식으로 활용할 것인지는 잘 모른다. 투자자들이 각자 그것들을 응용해 투자에 접목하기도 했고, 각 지역을 전망하고 예측하기도 했다.

투자자들이 주로 활용하는 것은 경제연구소와 부동산 관련 기관에서 발행한 보고서다. 부동산을 바라보는 이들의 방법이 노출되었고 어떤 데이터를 살펴야 할 것인가를 알게 되었다. 현재까지 다양한 부동산 책이나 블로그, 부동산 카페에서 이를 응용해 데이터를 보여준다. 다들 나름대로 객관적인 데이터를 바탕으로 시장을 설명한다. 아마도 최근 나온 부동산 책 중에 가장 객관적인 데이터를 갖고 부동산에 대해 설명하는 책이 이 책이 아닐까 싶다.

이 책에는 수많은 데이터가 나온다. 이를 근거로 지난 과거를 보여준다. 이 부분은 한편으로는 위험하다. 대부분의 데이터는 과거의 것이다. 이미 결론이 난 과거의 데이터를 근거로 이야기하기는 쉽다. 명확하게 하락과 상승이 구분되고 어떤 상황인지를 판단하는 것도 너무 쉽다. 문제는 과거가 아니라 현재와 미래다. 내가 지금 어떻게 해야 할지는 나의 선택에 달려 있다. 어떤 판단과 결정을 내려야 하는데 그러기 위해서는 미래를 내다봐야 한다.

이러다보니 항상 망설이고 선택 장애가 온다. 물론 이 책은 데이터를 보여주며 설명하니 좀 더 쉽게 이해할 수도 있다. 문제는 내가 직접 해야 한다. 내가 해당 데이터를 토대로 앞으로 어떻게 해야 할지를 알아내야 한다. 이럴 때 어떻게 해야 할지 무척 막막하다. 그런 면에서 이 책은 어떤 식으로 데이터를 활용하고 어디서 그 정보를 찾아야 하는지를 알려준다. 어떻게 보면 저자가 소개한 데이터를 독자도 활용할 줄 알아야 제대로 된 정보제공이라 할 수 있다.

이 책에는 무척이나 많은 데이터가 나오는데 가장 중요한 개념은 평균이다. 저자는 공급을 가장 중요하게 봐야 한다고 말한다. 공급이 얼마나 되는지 지난 과거의 평균을 먼저 파악한다. 그 후에 현 상황이 평균 대비로 어느 정도인지에 따라 가격 상승과 하락을 유추한다. 전월세와 자가를 근거로도 파악한다. 전월세에 거주하는 사람들이 결국에는 매수를 하게 된다. 투자자들이 매수하는 경우 시장에 대한 영향력이 상대적으로 적다.

이런 저자의 주장에 나도 동의한다. 주택가격은 어디까지나 실수요자가 좌우한다. 실수요자가 사려고 하면 주택가격은 상승한다. 이 책은 수많은 데이터를 근거로 알려줄 때마다 항상 평균을 제시한다. 다만 이 책은 다소 어렵게 설명하는 경향이 있다. 실제로 학술지의 보고서 스타일로 책 내용이 구성되어 있다는 느낌을 받을 정도다.

저자가 부동산경제연구소를 운영하고 있어 그런지 몰라도 그런 느낌을 받았다. 이 책은 지역 입지에 대해서는 이야기하지 않는다. 물론 지역 분석은 한다. 서울, 수도권과 부산, 대구가 주 무대다. 이 지역을 근거로 각종 데이터를 통해 지난 시장을 설명한다. 여기에 향후 주택시장 트렌드와 전망에 대해서도 이야기한다. 살짝 어려운 책으로 다가올 수도 있겠지만 주택시장을 바라보는 데 큰 도움이 될 듯하다.

06

교육과 부동산의 관계, 『나는 부동산으로 아이 학비 번다』

　주택은 인간에게 필수적이다. 인간이라면 주택에 거주할 수 밖에 없다. 주택은 많다고 하면 많다. 마음만 먹으면 얼마든지 거주할 수 있는 주택은 있다. 그런 주택 대부분이 공실이다. 집이 남아도는 데도 그런 집에 거주하려 하지 않는다. 공짜로 그 집에 들어가 살라고 하면 욕을 할지도 모른다. 이런 주택은 사람들이 원하는 주택이 아니다. 살고 싶은 주택은 한정되어 있다. 부동산의 특성상 토지는 한정되었으니 살고 싶은 집은 부족하다.

　주택에 어떤 사람들이 살아가느냐에 따라 주택가격은 달라진다. 대체적으로 사람들이 모여 살면 무엇인가 변화하고 경쟁이 생긴다.

인류 역사상 교육은 늘 화두였다. 미래세대가 지금보다 더 잘살기 위한 가장 확실한 방법은 교육이다. 한국 사회가 발전한 가장 큰 원동력은 인재였다. 인재는 교육으로 길러진다. 한국만큼 고학력이 많은 국가는 없다.

한국 사회가 이렇게 발전을 거듭한 덕분에 한국인은 교육이 중요하다는 것을 본능적으로 깨닫고 있다. 교육은 반드시 해야만 한다. 교육을 잘하는 것은 최소한 출발선을 조금이라도 앞자리로 이동시키는 효과가 있다. 이런 믿음을 자신의 경험을 통해 직접적으로 갖게 되었고, 주변 사람들을 통해 간접적으로 겪어봤다. 이러다보니 한국 사회는 수직계열화가 되었다. 서울대를 최고점으로 일직선으로 줄을 섰다. 어떤 대학에 들어가느냐는 출발선이 되고 말았다. 최근에 다소 개선되기는 했어도 그 근본은 변함없다.

이러다보니 부모들은 자녀를 좋은 대학에 보내기 위해 교육에 공을 들였다. 어떤 부모가 자신의 자녀가 공부 잘하는 것을 싫어하겠는가. 학생이 공부 잘하는 것은 자랑거리이지 부끄러워할 일이 아니다. 한국 사회에서 교육은(정확히 표현해서 자녀교육은) 부모들의 모든 욕망이 집약된 개념이 되었다. 자녀가 좋은 성적을 받는 것이 좋은 부모가 되는 첫째 조건처럼 되었다.

재미있게도 바로 이 교육이 주택투자와 연결된다. 소위 말하는 일류대를 얼마나 보내느냐가 핵심이다. 일류대를 많이 보내는 고등학교는 부모들의 욕망을 결집시킨다. 특수목적고등학교가 등장하자 특목고 입시열풍이 일었다. 심지어 중학교도 중요하게 대두되었다. 좋은 중학교에 가야 좋은 특목고를 거쳐 일류대에 갈 수 있다는 생각이 확산되었다.

입시경쟁은 이미 초등학교 때부터 시작된다. 좋은 중학교를 가기 위해 초등학교 때부터 공부하는 경우가 많아졌다. 이러다보니 '초품아'라고 하여 초등학교를 품은 아파트라는 신조어가 탄생했다. 지금까지 살펴본 것처럼 교육은 모든 부모를 끌어당기는 엄청난 중력이 있다.

한마디로 모든 부모는 전혀 의도하지 않게 아파트가격을 상승시켰다. 그들은 자신이 들어가 살고 싶은 아파트의 가격을 스스로 상승시키게 만든 주범이다. 자연스럽게 주택투자를 하는 사람들에게 교육은 중요한 분석대상이 되었다. 아마도 교육과 주택투자를 접목해 사람들에게 널리 알린 장본인 중에 가장 유명한 사람이 『나는 부동산으로 아이 학비 번다』의 저자인 이주현이 아닐까?

저자는 그전까지 다소 소홀히 여겼던 교육을 사람들에게 일깨워준 투자자다. 그전까지는 많은 부동산투자자들이 교육의 중요성을 언급하며 접근하지는 않았다. 막연하게 이를 소개하는 정도에 그쳤다면 이주현은 처음부터 학군이 얼마나 중요하고 그것이 아파트가격을 얼마나 상승시키는지를 설명했다. 사실 학군 때문에 아파트가격이 비싼지, 아파트가격이 비싸서 학군이 좋은지의 여부를 따져보는 것은 좀 애매하다. 이미 모든 아파트와 주택은 학군과 밀접한 연관을 갖고 있으니 그게 그거이기 때문이다.

이 책은 무조건 아파트에 투자해 돈을 벌라고 강요하고 부추기지는 않는다. 한국 사회에서 교육이 어떤 의미를 지니고 그로 인해 주택가격이 왜 영향을 받는지를 알려준다. 저자 나름의 정보와 지식을 토대로 하나씩 하나씩 조목조목 설명한다. 1등 브랜드가 있는 것처럼 각 지역별로 유독 학군이 더 중요한 지역이 있다. 그 학군으로 인해 주택가격이 더 비싸다. 그만큼 욕망이 더 강하게 진동하며 사람들을 끌어당긴다. 그런 지역과 아파트가 어떤 곳인지 설명한다.

서울과 수도권의 주요 학군에 대해 설명하고 향후 뜰 학군도 소개한다. 이 지역을 부동산투자자라면 눈여겨보면 좋을 것이다. 부동산 책이지만 한국 사회를 들여다보는 중요한 리트머스로 투영해서 읽어도 좋을 책이다. 투자란 결국 그 사회를 살아가는 사람들의 욕망이 집약되어 펼쳐지는 돈거래라 할 수 있다. 더 많은 사람들의 욕망을 끌어당기는 곳이라면 가장 좋은 투자처가 아닐까? 그런 욕망이 모이는 것, 한국 사회에서 가장 중요한 교육으로 주택투자를 바라보는 책이다.

07

학군 좋은 아파트 찾기, 『심정섭의 대한민국 학군지도』

이미 심정섭의 『심정섭의 대한민국 학군지도』를 읽었고 이번에 다시 읽게 되었다. 개정판이라는 이름으로 다시 나오면서 분량이 훨씬 더 늘었다. 이전 책이 대략 500페이지인데 이번 책은 630여 페이지나 된다. 그만큼 새로운 내용이 추가되었다.

저자와 만나 이야기를 나눈 적도 있기에 모르지는 않은데, 정작 책은 저자가 아니라 출판사에서 연락 와서 읽게 되었다. 재미있게도 이전 책과 마찬가지로 이번 책에도 저자의 사진이 표지에 실렸다. 이전 책에는 우측에 이번 책에는 좌측에 사진이 실렸다. 이번 책에 등장한 저자의 모습이 더 젊어 보이는 것 같아서 재미있게 느껴졌다.

부의 공부법

이 책은 이전 책에서 소개한 단지가 어떻게 변했는지도 알려준다. 2~3년 전에 소개한 아파트에 대해 다시 언급한다. 얼마나 가격이 변화했는지 알려주니 자연스럽게 비교할 수 있다. 대체적으로 특별한 일이 없으면 가격은 올랐다.

학군 위주로 설명하는 책이라 사실은 학군을 먼저 보는 것이 좋다. 학군이 왜 중요한지를 설명한다. 그러면서 서울과 수도권은 물론이고 전국의 학군을 소개한다.

워낙 분량이 많다보니 책 전체를 읽어나가는 것도 만만치 않다. 한편으로는 너무 많은 지역을 소개하니 전부 아는 것도 쉬운 일은 아니다. 아마도 이 책의 독자라면 자신이 아는 지역 위주로 관심 있게 보지 않을까 싶다. 모르는 지역까지 자세히 읽는 사람은 드물 수도 있다.

이 책은 두 마리 토끼를 다 잡았다고 할 수 있다. 이 책은 모든 학부모들의 관심사인 학군을 소개했다. 다음으로는 아파트투자자를 위해 학군과 관련된 아파트를 소개했다. 학군은 부동산 투자자뿐만 아니라 학부모에게도 주요 관심사이니 포지셔닝을 잘하지 않았나 싶다.

그런데 서울에 있는 모든 학군이 중요한 것은 아니다. 그러니 몇몇 곳만 눈여겨보면 된다. 서울에서 중요한 학군은 대치동을 필두로 잠실, 반포, 목동, 중계동, 광남 학군 등이다. 이런 지역은 항상 눈여겨볼 필요가 있는데, 가격이 만만치 않으니 진입하기가 쉽지 않다. 이런 곳들도 가격이 하락할 때 충분히 노려볼 만한데, 그런 측면에서 이 책을 활용하면 된다.

이 책은 주요 학군을 소개하고 그와 관련된 아파트를 구체적으로 알려준다. 해당 아파트를 눈여겨보고 있다가 기회가 왔을 때 투자해보는 것이 좋을 것이다. 그러기 위해서는 지금부터 관심의 끈을 놓지 않고 살펴봐야 할 것이다.

책에서 아쉬운 점은 워낙 많은 지역이 소개되다보니 뒤로 갈수록 살짝 집중도가 떨어지는 것이다. 특히나 수도권까지는 알고 있는 지역이라서 봤는데 지방으로 갈수록 잘 모르니 그러려니 하면서 읽었다. 아는 만큼 보인다고 했던가. 아무래도 서울 지역에 대한 내용을 개인적으로 가장 재미있고 흥미롭게 읽었다.

이미 읽은 책을 개정판으로 다시 읽었는데도 역시나 학군은 언제나 흥미로운 주제라는 것을 깨달았다. 특히나 해당 지역에 현장조사를 갈 때 이 책을 읽고 간다면 훨씬 도움이 될 것이다.

부의 공부법

08

수익률 높이는 엑셀 활용법,
『부자의 계산법』

한국에서 부동산투자를 한다면 거의 대부분 갭투자를 떠올린다. 갭투자는 기본적으로 시세차익을 제외하면 그다지 얻을 것이 없는 투자방법이다. 그럼에도 갭투자가 유행하고 각광받는 것은 주택가격이 상승했기 때문이다. 지난 역사를 보면 상승기가 하락기보다 좀 길긴 했어도 하락기도 있었다. 갭투자는 주택가격이 상승할 것을 전제로 시세차익을 바라고 투자하는데, 만약 주택가격이 하락한다면 위험하다.

갭투자는 거래가와 전세가의 차이가 크지 않은 아파트에 투자해서 짧게는 2년 길게는 몇 년 기다리다 시세차익을 노리는 방법이다. 많은 사람들이 손쉽게 접근할 수 있는 이 방법을 얼마 전까지 선호했다. 하지만 오를 것만 생각하고 투자하는 것은 무척이나 위험하다. 좀 더 리스크를 감안하면서 투자해야 한다. 그런 방법은 월세를 근거로 투자하는 방법이다. 시세가 상승하지 못하면 갭투자는 실패하고 만다. 하락기가 온다면 온전히 그 고통을 인내하며 갖고 있어야 한다. 가격은 떨어지고 세금은 매년 내야 하는데 전세가격마저 떨어지면 무척이나 힘들어진다.

월세 관점에서 본다면 다소 다르게 접근할 수 있다. 단순히 사세차익에 따른 수익률이 아니라 월세에 따른 수익률을 바라봐야 한다. 매매가격에 대비해 매월 받는 월세를 감안해 수익률을 계산한다. 그리고 대출 없이 매매할 경우의 수익률과 대출받아 매매할 경우의 수익률을 비교한다. 대체적으로 이 경우에는 금리를 기준으로 비교한다. 금리가 5%일 때 월세수익률이 6%면 별로다.

금리가 3%일 때 월세수익률이 6%라면 매우 좋다. 이런 식으로 비교를 하는데 여하튼 월세를 근거로 수익률을 계산하는 것이 좀 더 확실하고도 안전한 투자방법이다. 이렇게 한다고 꼭 수익을 낼 수 있다는 것은 아니지만 좋은 방법이다. 이런 식의 수익률을 계산하려면 무엇보다 머리가 좀 아프다. 이것저것 계산하고 따져봐야 하니 말이다. 생각해 보면 투자는 결코 쉬운 것이 아니다. 하지만 고생한 만큼 좋은 성과를 거둘 때 투자의 묘미를 느낄 수도 있다.

사람들 대부분은 머릿속으로 계산하는 것을 힘들어한다. 머리가 무척이나 비상하다면 좋겠지만 말이다. 결국엔 어떤 툴을 갖고 해야 한다. 최근에는 부동산투자 분야도 워낙 관련 기술이 발달해서 수익률을 자동으로 계산해 주는 어플도 있지만 다소 무엇인가 부족하다는 느낌이 든다. 그런 면에서 여전히 최고의 툴은 엑셀이다. 엑셀이라는 도구가 중요한 것이 아니다. 도구를 어떻게 활용하고 쓸 수 있느냐가 핵심이다. 그것을 다루는 사람의 능력이 가장 중요하다.

엑셀을 잘하는 사람을 보면 존경스럽다. 현장에서 엑셀 수식을 즉석으로 만들어내고 수익률을 산정한다. 그런 사람을 보면 다소 기가 죽을 정도다. 무엇보다 엑셀로 그렇게 하려면 함수나 수식 등을 알아야 하는데 나는 잘 모른다. 간단하게 수익률을 계산하는 엑셀을 갖고 있지만 말이다. 솔직히 그것으로도 충분하다. 민성식의 『부자의 계산법』은 부동산투자에 엑셀을 활용하는 방법을 알려준다.

책은 다양한 투자 사례를 근거로 하나씩 수익률을 계산하는 방법을 알려준다. 가장 많은 사람들이 투자하는 아파트를 비롯해 빌라는 물론이고 빌딩까지 소개하며 어떻게 수익률을 계산할 것인지를 알려주는 책이다. 부동산 열풍이 불 때 엑셀을 이용하던 시절이 있었다. KB부동산 등에 나오는 데이터를 시각적으로 보기 위해 엑셀을 이용했다. 지금은 여러 부동산 데이터 사이트와 어플이 생기며 다소 엑셀의 인기가 시들어졌다. 하지만 엑셀은 내 자산을 지키는 도구가 된다.

내가 투입한 자본이나 빌릴 수 있는 대출, 이자를 몇 %로 받을 것인가? 이런 것들에 따라 수익률이 달라진다. 여기에 각종 부대비용 등에 따라 수익률이 미세하게 달라진다. 너무 세세한 것까지는 따질 필요는 없다. 책에서는 공적부자라고 하여 기관에서 투자할 때는 세세한 것이라도 단위가 달라지면 중요하다고 알려준다. 맞는 말이긴 한데 대부분의 일반투자자들은 그렇게 세세한 것까지 고려할 필요는 없을 것이다. 수천억 단위로 투자하는 것도 아니니 말이다.

이 책은 공적부자라고 표현을 하는데 나는 조금 거슬렸다. 꼭 공공투자처럼 착한 느낌이 드는 단어라서 말이다. 그냥 거대자본부자라고 했다면 그 의미가 더 정확해지지 않았을까 싶다. 이 책은 투자 사례를 소개하면서 일일이 엑셀로 계산하는 방법을 친절하게 알려준다. 영화에서 컷과 컷을 자세하게 보여주는 것처럼 사진으로 하나씩 보여주며 설명한다. 덕분에 이해하는 데 좀 편하긴 했어도 너무 반복적으로 나오니 다소 지겹기도 했다. 똑같은 패턴이 반복되니 말이다.

몇 가지 사례를 보여준 후에는 간략하게 설명했어도 좋지 않았을까 싶다. 관련된 엑셀 파일 수식을 저자의 블로그에서 공개하고 있으니 다운받아 활용하면 된다. 해당 자료를 책을 산 사람만 볼 수 있게 암호가 걸려 있긴 하다. 친절하게 각 데이터를 어디서 참고하고 활용해야 하는지를 설명할 뿐만 아니라 엑셀에서도 즉시 갈 수 있게 세팅을 했다. 부동산투자에서 리스크를 감안한 투자를 원한다면 엑셀을 이용하는 방법을 알아두면 좋다. 그런 점에서 이 책에 소개된 방법을 활용한다면 도움이 될 듯하다.

09

교통망 좋은 아파트 찾기,
『교통망도 모르면서 부동산 투자를 한다고?』

　과거에 이동수단이 없을 때는 걸어 다녀야 했다. 말을 이용하면서 시간이 단축되었다. 그럼에도 한계는 있었다. 여전히 공간적인 제한은 컸다. 현대에 들어오며 공간적인 제한은 많이 줄었다. 여전히 단축할 수 없는 시간적인 제한은 있어도 보다 빨리 공간을 이동할 수 있게 되었다. 예전에 부산이나 광주 등에 가려면 서울에서 꽤 고민을 했다. 실질적으로 가는 데 하루 걸렸다. 볼일을 보려면 무조건 1박은 각오해야 했다.

　지금은 KTX가 생기며 2~3시간이면 부산, 광주에도 갈 수 있게 되었다. 타임머신은 물리적으로 불가능하다고 하지만 과거보다 훨씬 더 빠른 시간에 다른 장소로 갈 수 있게 되었으니 타임머신을 탄 것과 마찬가지다. 교통의 발달로 생활환경도 달라졌다. 이제는 다소 돈이 들더라도 장거리를 출퇴근하는 사람이 생겼다.

서울, 수도권은 워낙 많은 사람이 모여 살아서 밀집도가 무척 높다. 아무리 대도시라도 거주공간과 활동공간이 분리되어 있다. 편하게 거주하며 살아가는 공간이 있고, 열심히 돈을 벌기 위해 노력하는 공간이 있다. 또 이렇게 노력하는 사람들을 위해 놀 수 있는 공간도 있다. 이런 공간은 각자 분리되어 있기에 이동해야 하는데, 워낙 많은 사람들이 거주하는 수도권은 자가용으로 이동하기 힘들다. 엄청나게 막히는 도로보다는 어느 정도 도착시간을 예측 가능한 전철을 이용하게 마련이다.

20년 전만 해도 대중교통은 버스를 주로 이용했다. 그때에는 수도권에 전철이 활성화되어 있지 않았기에 어지간하면 버스로 이동했다. 곳곳에 전철이 생기고 환승할 수 있는 공간이 생겨서 우리를 거의 제시간에 데려다준다. 갈수록 버스보다는 전철에 대한 의존도가 높아졌다. 최근에는 버스중앙차선 등으로 버스도 어느 정도 막히지 않고 제시간에 약속장소로 데려다주게 되었다. 이런 변화와 더불어 전철과 버스 등 대중교통을 이용하기 편한 지역을 선호하게 되었다.

서울에서 가장 인기 좋은 지역은 강남이다. 강남역부터 잠실역까지 길게 이어지는 벨트라고 할 수 있다. 그중에서도 강남역은 모든 것의 중심이다. 이런 현상이 나타난 것은 무엇보다 강남이 교통의 중심지이기 때문이다. 솔직히 너무 많은 교통편이 강남역에 집중되어 있다. 평일 저녁이면 인도를 뒤덮을 정도로 사람들이 광역버스를 타기 위해 줄을 선다. 인도를 다니기 힘들 정도로 사람들이 줄 서 있다.

강남은 교통의 요충지다. 엄청난 인구가 돈을 벌기 위해 몰려온다. 강남역에서 얼마나 가까운가에 따라 주택가격이 달라지기도 한다. 직주근접의 영향력은 주택가격에서 확인할 수도 있다. 서울 대부분의 지역에는 전철이 다니고 있다. 아직까지 교통편이 안 좋은 지역도 조만간 전철이 뚫릴 예정이다. 수도권이라 불리는 경기도는 자체적으로 일거리가 있는 지역도 있지만 그렇지 않는 지역도 있다. 서울로 출퇴근하는 사람이 많은 것이다.

경기도에서 서울로 가는 대중교통이 있느냐가 중요하다. 대체적으로 서울로 가는 대중교통이 있는 지역은 그렇지 않은 지역에 비해 주택가격이 비싸다. 대중교통으로 전철을 이용할 수 있으면 더할 나위 없이 비싸다. 게다가 그 전철을 갈아타지 않고 한 번에 강남까지 간다면 더욱 더 큰 영향을 미친다. 심지어 30분 이내로 강남에 갈 수 있다면 주택가격은 거의 틀림없이 비싸다. 그렇지 않은 지역도 있겠지만 그것은 어디까지나 더 비싼 곳보다 상대적으로 주택가격이 낮을 뿐이다.

대중교통의 영향력은 누구도 무시할 수 없다. 호재가 있다고 하

부의 공부법

는 대부분의 주택은 교통망과 밀접한 관계가 있다. 쇼핑센터가 생겨도 대중교통이 없다면 한계가 있게 마련이다. 모든 것은 대중교통과 연계해 계획하고 개발하며 완성된다. 그런데 버스나 전철 등 대중교통이 갖추어지려면 그것을 운영하는 데 따르는 사업성을 고려해야 한다.

우리나라는 국민의 편의성과 편리성을 위해 대중교통을 운영하지만 국가에서 운영하는 것이 아니라서 어느 정도 사업성이 있어야 한다. 해당 지역에 버스나 전철을 운행할 때 사업성이 있어야 운행되는 것이다. 사업성이 없는 경우에는 사업성이 있게 만들기도 한다. 기존 지역에 거주하는 사람이 적다면 새로 주택을 건설하거나 돈을 벌 수 있는 산업시설까지 해당 지역에 만든다. 그러면 대중교통이 들어설 수 있다.

대중교통은 특히나 주택가격에 엄청난 영향을 미친다. 그런데 너무 사람들이 교통 호재만 노리고 희망 섞인 투자를 하는 경우가 많다. '카더라'라는 그릇된 소문에 현혹되지 말고 정부나 해당 지자체에서 발표한 정확한 개발 계획을 고려해야 한다. 이에 대해 강의하고 있는 사람이 'IGO빡시다'님인데, 그가 쓴 책이 바로 『교통망도 모르면서 부동산 투자를 한다고?』다. 서울, 수도권에 투자하려 한다면 읽어야 할 책이다.

10

수익률 높이는 부동산평가분석,
『부동산 가치평가 무작정 따라하기』

     과거 부동산투자는 감과 촉이 전부였다. 거기에 현장을 확인하는 발품만 있으면 됐다. 이 정도만 해도 충분히 좋은 부동산을 구입할 수 있었다. 여전히 감과 촉은 물론이고 발품이 중요하긴 하다. 이보다 더 뛰어나고 대단한 부동산 감별 능력은 없다. 이것은 부동산만 갖고 있는 고유의 성질에 기인한다. 움직일 수 없고 개별성이 강하다는 특징 때문에 벌어지는 일이다. 그런데 중요한 것이 한 가지 더 있다.

    한국은 그동안 고도성장기를 거치며 도시가 확장되며 사연스럽게 부동산가격이 상승했다. 도시화가 진행되며 시골에서 도시로 몰려들었다. 이에 따라 거주할 공간과 주택은 부족했다. 사람들이 몰리니 즐길 공간이 필요했다. 이에 따라 상업시설이 발달했다. 이런 식으로 수요가 몰리고 공급은 한정되어 있으니 당연히 가격이 상승했다. 분석이고 뭐고 필요 없었다. 남들이 부동산투자에 관심이 없을 때 관심을 갖고 매입하면 그만이었다.

부동산을 돈이 많이 드는 투자자산으로 여기는 선입견이 있어서 대부분의 사람들이 쉽게 접근하지 않았다. 시간이 지나서 도시가 어느 정도 완성되자 아무 부동산이나 구입한다고 돈이 되지는 않게 되었다. 여전히 주먹구구식으로 부동산투자를 하는 경우도 있지만 부동산투자에 분석 방법이 접목되었다. 가장 확실하고도 정확한 방법은 감정평가사들이 하는 방법이다. 물론 이들이 하는 방법은 너무 복잡하고 계산이 쉽지 않다.

더구나 한국에는 전세라는 특이한 제도가 있다. 다른 국가는 월세 아니면 자가다. 월세를 받고 임대하면 현금 흐름도 생긴다. 자본주의 사회는 화폐가 지배한다. 화폐가 전면에 등장하며 모든 것이 액수로 대변되는 상황이다. 부동산 역시 가격이 정해지며 비교할 수 있게 되었다. 그전에는 부동산을 매입할 때 스스로 저렴한지를 판단해내는 것이 늘 고민이었다. 내가 최고점에서 사는 것은 아닌가 하는 의문이 머릿속을 맴돌았다.

전세는 그것의 가치를 계산하는 것이 힘들다. 월세는 수익률을 계산하면 된다. 어떤 부동산에서 매월 100만 원의 월세가 나온다. 이 부동산의 가격이 1억 2천만 원이다. 이렇게 된다면 연수익은 1,200만 원이다. 수익률을 단순계산하면 10%다. 10% 수익률을 놓고 사람마다 좋다, 나쁘다고 판단을 내리게 된다. 문제는 10%라는 수치만 보면 좋아 보이기는 하지만 비교를 해야 한다. 이 부동산의 수익률은 10%지만 다른 투자처의 수익률이 11%라면 좋은 것이 아니다.

만약 은행에 돈을 넣는다고 치자. 1억 2천만 원을 넣었더니 1년 이자로 1,500만 원을 준다. 그러면 굳이 부동산을 매입할 필요가 없다. 편하게 은행에 넣으면 될 일이다. 힘들게 임차인을 관리하고 여러 가지 비용과 세금 등을 고려하면 좋은 투자처가 아니다. 이렇게 비교해야 정확한 판단을 내릴 수 있다. 이런 비교를 할 때는 우선적으로 금리와 비교하는 것이 바람직하다. 금리로는 좀 수익률이 낮으니 국고채금리와 비교하는 경우가 좀 더 많다.

여기에 어느 정도 리스크를 감안해야 할지에 따라 가산금리의 개념을 얹는다. 그렇다 해도 중요한 것은 현재 금리가 중요한 판단 근거가 된다. 현재 금리가 1.5%라 치자. 이것을 기준으로 하면 너무 적으니 대출금리로 한다면 4%로 잡아야 한다. 위험 감수에 따른 비용도 고려하면 대략 5.5%를 투자목표 수익률로 정한다. 매수할 부동산의 수익률이 5.5% 이상이라면 괜찮은 자산이라고 판단하고 물건을 본다.

은행에 넣는 돈과 달리 부동산 자산은 시세차익을 노릴 수 있다. 이 점을 감안하면 5.5%보다는 좀 더 낮게 해서 5%로 할 수도 있다. 대체적으로 수익률이 낮을 때는 해당부동산이 입지도 좋고 향후 전망도 좋아서 가격이 비싼 경우가 많다. 이런 식으로 따져가며 부동산을 분석한다. 여기까지가 수익률의 관점에서 들여다본 것이고, 다음으로 주변 부동산이나 비슷한 지역의 부동산과 비교한다.

같은 돈을 갖고 다른 부동산에 투자한다면 과연 이 부동산이 좀 더 수익률이 높은지를 분석한다. 대부분 이런 과정 없이 즉흥적으로 구입을 하니 생각보다 수익이 적은 경우가 많다. 솔직히 이런 분석을 하지 않고 부동산투자를 하더라도 아무런 지장은 없다. 그동안 부동산 가격은 잘 올랐고 수익을 냈기 때문이다. 다시 이야기하지만 갈수록 부동산시장이 예전 같지 않으니 옥석을 구분해야 한다. 이 부동산에 투자하면 얼마나 수익을 얻을 수 있는지를 분석해야 하는 것이다.

그런 점에서 남우현의 『부동산 가치평가 무작정 따라하기』는 도움이 된다. 친절하게도 분석하는 방법에 대해 자세히 알려주고 예시까지 보여주며 계산할 수 있게 도와준다. 아마도 이런 방법으로 부동산에 접근해 보지 않은 사람이라면 다소 책이 어려울 수 있다. 무엇보다 부동산을 금융적으로 접근하는 방법이기 때문이다. 그럼에도 이런 방식이 갈수록 더욱 빛을 발할 가능성이 크다. 최소한 알아서 손해 볼 것은 없으니 말이다.

11

재건축 재개발 옥석 가리기, 『돈되는 재건축 재개발』

역사는 돌고 돌지만 늘 변화되고 개선되며 조금씩 다른 일들이 생긴다. 과거를 돌아보는 것은 현재를 비추는 중요한 단서가 되지만 이를 곧이곧대로 적용하면 안 되는 이유다. 부동산시장도 비슷하다. 주택 유형에 따라 뜨고 지는 것이 있고, 다양한 주택 정책이 발표되고 있다. 과거에 그랬던 것처럼 또다시 재건축, 재개발 바람이 불고 있는데, 사람들이 주목하고 있다. 가장 대표적인 곳이 바로 서울과 수도권이다.

한국에는 자연발생적으로 생긴 도시가 있고 인위적으로 만든 도시가 있다. 주택은 인간에게 필수요소다. 주택 없이 살아갈 수는 없다.

부의 공부법

집은 반드시 필요하다. 주택은 노후화될 수밖에 없다. 오랜 시간이 지나면 주택에서 거주하는 것이 불편하다. 아무래도 사람들은 새 집을 더 선호한다. 건축된 지 30년이 넘으면 여러 문제가 발생한다. 한국의 주택이 유독 빠른 시간에 노후화되는 것은 아마도 사계절이 뚜렷해 그런 것이 아닐까 싶다.

과거에는 다소 불편할 뿐 거주하는 데 큰 지장이 없는 주택이 많았다. 이런 주택마저도 다시 짓겠다고 난리가 난 것이 바로 뉴타운 개발이었다. 당시에는 뉴타운 개발이 황금알을 낳아줄 수 있다고 생각하는 사람이 많아서 주택가격이 상승했다. 사람들이 정신 차리고 보니 그렇지 않다는 것을 깨달았고 오랫동안 재건축, 재개발은 수면 밑으로 가라앉았다. 필요한 몇몇 곳이 진행되었지만 동시다발적으로 이루어지지는 않았다. 시간이 더 지나자 다시 법적으로 건축할 수 있는 기간을 30년으로 줄였다.

한국에서 주택을 가장 많이 건축한 때가 1990년 전후다. 이때부터 본격적으로 한국에서 주택이 공급되었고 모든 주택을 꼭 해야 할 필요는 없지만 재건축, 재개발이 다시 주목받게 되었다. 모든 주택이 다시 건축되는 것은 현실적으로 어렵다. 이 점에 대해 과거의 사람들은 충분히 알지 못했다. 무엇보다 재건축, 재개발은 시간도 오래 걸리고 돈이 어느 정도 투입되는지가 관건이다.

시간이 지나자 "투자는 아무나 하는 게 아니다"고 외치는 사람도 생겼다. 거꾸로 볼 때 그렇기에 더 큰 돈이 오가고 큰 수익을 거두는 사람이 나왔다. 상당히 큰돈을 번 사람은 대부분 재건축, 재개발에서 나왔다. 부동산 상승기인 2000년대 중반에도 그랬다. 또한 망하는 사람도 거의 대부분이 거기서 나오기도 했다. 주택투자의 최고봉이 바로 재건축, 재개발이 아닐까? 조금이라도 더 알고 있는 사람이 수익을 얻을 수 있기 때문이다.

주식투자에 비해 부동산투자는 여전히 시스템이나 데이터 등을 접목하는 비중이 작다. 과거에 비해 체계적인 방법으로 투자하는 경우가 늘었지만 말이다. 그저 감으로 투자해야 하는 대표적인 투자였던 재건축, 재개발이 드디어 각종 수치와 데이터에 접목해 합리적으로 계산할 수 있는 투자처가 되었다. 열정이넘쳐의『돈되는 재건축 재개발』덕분에 앞으로 깜깜이 투자는 많이 사라질 듯하다.

이 책 덕분에 막연하게 하던 투자를 그만두고 어느 정도 계산을 하고 향후 계획을 세울 수 있을 것이다. 그동안 꽤 여러 권의 재건축, 재개발 책을 읽었지만 대부분 대동소이했다. 저자의 투자 경험을 간단히 소개하고 나머지 반은 관련 법령 등을 알려주었다. 굳이 읽을 필요가 없는 책이 많았다. 얼마든지 인터넷으로 구할 수 있는 정보를 소개하고 있으니 말이다. 반면에 이 책은 무척이나 내용이 알차다. 아마도 재건축, 재개발 책은 이 책 이전과 이후로 나눠지지 않을까 싶다.

이 책은 전문가의 영역이었던 재건축, 재개발 투자를 대중화시키는 첫 책이 되지 않을까 싶다. 무엇보다 이 책을 읽으며 이렇게나 자세하게 모든 것을 알려준 것에 놀랐다. 내 경우에는 책에서 모든 것을 알려주지는 않고 강의에서만 이야기하는 것들도 있다. 좀 민감하다 싶은 내용은 책에서 다루지 않았는데, 이 책은 거의 모든 것을 알려준다. 그런데 좀 어렵다. 익숙하지 않은 내용이 나오니 말이다. 그런 이유로 저자는 시종일관 반복적으로 알려주고 또 알려준다. 초반에 뒤에서 알려주겠다고 이야기하고 중간에 이야기한 후에 후반에 다시 실제 사례를 접목해서 알려준다. 이렇게 설명했는데도 머릿속에 입력되지 않은 것도 있으니 그리 만만한 내용은 아니다. 그만큼 쉽지 않은 분야다.

이 책은 두께도 상당하다. 워낙 다양한 용어가 난무하니 그럴 수밖에 없다. 초보자라면 처음 들어보는 단어가 많아 이해하는 데 제법 시간이 걸릴지도 모른다. 그래도 이 책은 옆에 두고 반복해서 읽을 만하다. 재개발, 재건축 관련 사업에 대한 기사를 봤을 때 그때마다 책에서 해당 부분을 찾아 읽으면 좋다.

재건축과 재개발에 사업성이 있는지의 여부를 정확하게 수치로 알려준다. 이를 자신이 관심을 둔 지역에 접목한다. 게다가 서울에 있는 어지간한 재건축 예정 아파트에 대한 저자의 분석까지 싣고 있다. 이 책에 나온 주요 개념은 흔한 말로 나만 알고 싶은 것들이다. 궁금하다면 이 책을 직접 읽어보기 바란다. 심지어 계산하는 엑셀까지 제공하니 여러모로 써먹기 좋다. 재건축, 재개발 분야도 이제는 대중적인 투자 영역이 될 수도 있겠구나 싶다.

12

아파트 청약의 교과서,
『대한민국 청약지도^(개정증보판)』

시대를 막론하고 특별한 일이 없다면 언제나 새 아파트가 인기다. 새 아파트는 무엇보다 가격이 상승할 때 더욱더 빛을 발하고 인기가 높다. 생각보다 청약이 쉽지 않으니 알아봐야 할 것이 참 많다. 가장 기본적인 것은 무엇보다 청약모집공고인데 이것마저도 제대로 보지 않는 사람들이 많다. 모집공고에 모든 것이 설명되어 있으니 이것을 반드시 읽어야 한다.

막상 읽어보면 청약조건까지 자세히 나와 있으니 꼼꼼하게 읽는 것이 기본 중의 기본이다. 그런데 입지 등도 살펴야 하니 단순히 모집공고만 본다고 될 일은 분명히 아니다. 이럴 때 좋은 것은 청약에 대해 알려주는 책을 읽는 것이다. 정지영의 『대한민국 청약지도(개정증보판)』는 그런 면에서 교재라고 해도 상관없을 정도다.

이번에 이 책의 개정판을 다시 읽게 되었는데 중간 정도까지 읽었을 때는 모든 것을 아낌없이 알려줘도 괜찮을까 싶었다. 저자는 청약 강의를 하고 있는데 이렇게 다 알려주면 과연 강의를 들으려 할까? 이런 생각이 들 정도로 청약과 관련된 소소한 팁부터 전략까지 자세히 알려주고 있다.

더구나 대부분의 책들은 출간 직전의 정보를 반영해서 쓰지 못한다. 특별한 일이 없다면 원고를 출판사에 넘기고 아무리 빨라도 2～3달 후에 책이 나오기 때문이다. 최근에 부동산 관련 정책은 정신없을 정도로 자주 바뀐다. 이런 상황을 실시간으로 반영해 책을 쓰는 것은 어려울 수밖에 없다. 이 책은 놀랍게도 가장 최근의 정책인 6·17 부동산 대책까지 포함하고 있어 깜짝 놀랐다. 책이 출판되기 직전에 대책이 나왔는데도 불구하고 관련 내용까지 포함했다.

이것은 저자가 출판되기 직전까지 원고를 수정했기 때문에 가능할 것이다. 출판사에 원고를 넘긴 후에 6·17 부동산 대책이 나오자마자 이대로는 불충분한 책이 될 거라고 판단했으리라. 아마도 밤을 새서 내용을 다시 읽어가며 뜯어고치지 않았을까 싶다. 그 정성에 저절로 엄지척을 할 수밖에 없었다. 3～4일 만에 모든 내용을 감수하면서 수정했을 것 같은데 그 정도로 책의 충실도는 좋다.

부의 공부법

책에 소개된 여러 팁 중에 눈여겨볼 것은 다자녀 특별공급이다. 자녀가 3명 이상일 때 쓸 수 있는 특별공급이라 대부분의 사람들에게 해당되는 것은 아니다. 이 책은 다자녀 특별공급 평형에서 경쟁률을 얼마인지 따져봐야 한다고 말한다. 해당 지역이 아닌 다른 지역의 사람들이 다자녀 특별공급을 얼마나 신청하느냐에 따라 희소성이 달라질 수 있기 때문이다. 희소성이 있다면 인기 좋은 아파트가 될 가능성이 매우 크다.

많은 사람들이 새 아파트를 원하고 청약하지만 모든 사람들이 당첨되는 것은 아니다. 그 이유에 대해 저자는 총 3가지로 설명한다.

첫째, 자신의 가점과 자격기준 등에 대해 잘 모르기 때문이다.
둘째, 오로지 최고의 동과 평형과 아파트만 청약하니 실패한다.
셋째, 비싸다는 생각에 청약을 못하는데 거의 대부분 그렇게 생각할 때가 사실은 가장 저렴할 때다.

이 책은 또 다른 팁으로 청약경쟁률을 설명한다. 자신이 청약하려는 아파트의 경쟁률은 당락을 결정하는 아주 중요한 요소다. 이왕이면 경쟁이 덜한 평형에 청약하면 당첨될 가능성이 높다. 특별공급의 평형별 청약경쟁률을 알아봐야 한다. 거의 특별한 일이 없다면 사람들의 생각은 대동소이해서 비슷한 결과가 나온다.

끝으로 트리거 아파트를 찾으라고 한다. 트리거 아파트는 해당 지역의 아파트가격을 선도하게 된다. 이런 아파트에 청약해야 가장 큰 기쁨을 누릴 수 있다. 해당 지역에서 오랜만에 청약하는 단지, 시세가 오르고 있는 지역에서 분양하는 단지, 무엇보다 많은 사람들이 기다리고 있는 단지는 분양과 입주 후에도 가격이 계속 오를 수밖에 없다.

이처럼 이 책은 청약과 관련된 다양한 방법을 알려주고 있다. 어지간한 것은 모집공고를 읽으면 알 수 있지만 책에서 알려주는 팁은 실전에 도움이 된다. 책의 내용을 간단히 소개했지만 좀 더 자세한 내용은 책을 읽거나 강의를 들어야 확실히 알 수 있다. 쓰고 보니 나도 저자의 강의를 듣고 싶다. 여하튼 청약과 관련된 이 책을 교재처럼 활용하면 될 듯하다.

13

매출 높은 상가 찾기,
『대한민국 상가투자지도』

　지금까지 꽤 많은 상가 책을 읽었다. 직접 투자한 적은 없었다. 별의별 이론이 있다는 것도 알았다. 일본의 사례를 통해 상권을 분석하는 방법도 있었다. 상가를 투자자 입장에서는 보는 것과 임차인 입장에서 보는 것은 다르다. 단순히 임대인이 되면 월세를 받으니 좋을 거라고 생각하지만 꼭 그렇지 않다. 자신의 소중한 돈을 투입해야 월세를 받는다. 자신의 전 재산을 투자하는 경우도 많다. 그러니 투입된 돈에 대비해 어느 정도 월세를 받느냐가 매우 중요하다.

　월세를 많이 받기 위해서는 해당 상가가 어느 정도 매출을 올리느냐를 살펴야 한다. 임차인 입장에서도 자신이 영업을 하려는 상가가 어느 정도 매출을 올릴 수 있는 곳인지에 따라 입점 여부를 결정할 것이다. 임대인과 달리 임차인은 자신의 영업력에 따라 충분히 매출을 조절할 수 있지만 입지가 나쁘면 힘들다. 이런 다양한 이유로 상가에서 어느 정도 매출을 올릴 수 있는지를 파악하는 것이 매우 중요하다. 예전에는 이를 위해 영수증의 번호를 확인한다든지 식당에서 나오는 쓰레기봉투의 개수를 확인하는 방법 등을 활용했다.

그 외에도 다양한 기상천외한 방법들이 있었다. 여하튼 해당 상가의 매출을 파악하는 것은 투자자가 상가 매입 여부를 결정하거나 임차인이 창업을 결정하는 데 있어 핵심이다. 『대한민국 상가투자지도』의 저자 김종율에게 토지와 상가에 대한 강의를 들었다. 이론 위주가 아닌 실전 위주로 강의를 했기에 재미있고 유익했다. 실제로 주변 사람들이 내게 상가 강의를 원하면 추천할 정도로 좋은 강의였다. 내가 상가 강의에 대해 잘 아는 것은 아니지만.

몇 년 지나지 않아 여러 상권의 매출지도를 만든다고 이야기해 주었다. 무척이나 흥미로웠고 어떻게 파악할 수 있는지 궁금했다. 이 책을 읽어보니 저자가 기본적으로 열심히 발품을 팔고 편의점 점포 개발을 하며 파악했던 매출을 근거로 추정한 듯하다. 다양한 지역의 상가를 매출로 파악한다는 강의를 한다고 하여 듣고 싶었으나 여러 이유로 못 듣게 되었는데 이 책을 읽으니 무엇보다 재미있었다.

그런데 어지간한 부동산 책은 금방 읽을 수 있는데 이 책은 꽤 오래

걸렸다. 가장 큰 이유는 내가 직접 책을 보면서 예측한 후에 그와 관련해 저자가 설명한 부분을 자세히 읽었기 때문이다. 저자는 친절하게도 지도를 보여주고 비교할 대상을 기입했다. 지도를 보면서 어떤 점포가 가장 매출이 높을지를 먼저 예상한 후에 저자의 설명을 들으니 시간이 꽤 걸렸다. 여기서 중요한 개념은 유효수요와 주동선이다. 흔히 이야기하는 화려한 조명에 속지 말아야 한다. 보통 전면 대로변이나 코너 자리가 무조건 좋다고 알고 있다. 맞는 말이지만 이보다 더 확실한 방법은 주동선을 파악하는 것이다.

대로변이라도 사람들이 그 길을 이용하지 않을 수도 있다. 실제로 많은 사람들이 전철역에서 나와서 반드시 대로변으로 움직이지 않는다. 의외로 역에서 나오자마자 대로변 사이에 있는 이면도로로 곧장 진입해서 걸어가는 사람들이 많다. 이는 현지인들만 알 수 있는 주동선이다. 이것을 잘 모르면 화장발이 좋아 보이는 상가를 선택하게 된다. 대로변에다 코너 자리에 위치했는데도 매출이 형편없는 경우가 생각보다 많다. 이는 사람들이 해당 매장 앞을 지나가지 않기 때문이다.

해당 상가 근처에 유효수요가 얼마가 되는지도 중요하다. 원룸이나 단독주택, 다가구주택이 모여 있는가, 아파트와 같은 건물이 있는가, 오피스텔이나 사무실이 밀집된 건물이 있는가에 따라 달라진다. 책에서는 주로 편의점을 위주로 사례를 보여주고 있기에 원룸이나

오피스텔을 중요하게 여긴다. 반경 200~300미터 내에 편의점이 몇 개나 있는지 살펴야 한다. 편의점이 여러 개 있다면 그만큼 유효수요가 많은 것이다. 그중에서도 매출이 잘 나오는 편의점을 찾아야 한다. 이를 위해서는 사람들이 어떤 식으로 주로 전철역이나 메인도로를 빠져나가는지 파악해야 한다.

현장에서 직접 파악하는 것이 가장 확실하겠지만 그전에 지도를 보면서 미리 예측해 보는 것이 좋다. 그런 훈련은 책을 읽다보면 어느 정도 할 수 있다. 무조건 가능한 것은 아니고 책에서 소개하는 지역 중에 자신이 잘 아는 지역이 있다면 이를 활용해 보면 된다. 나도 확실히 내가 아는 지역의 상권에서는 그래도 꽤 정확하게 좋은 상가를 찾아냈다. 더구나 해당 지역이 향후 변경될 예정이라 저자가 설명한 점포가 지금은 다소 투자가치가 떨어지지만 향후 좋아질 것까지 예측하는 재미도 책을 읽으면서 느꼈다.

실제로 저자는 이 책을 작년부터 썼는데, 나에게는 늘 집필 중이라고 했었다. 책을 읽어보니 상권이 변화하면서 이를 다시 변경하다보니 그리 된 듯하다. 이 책을 읽으면서 좀 놀란 것은 편의점의 매출이 무척이나 높다는 것이다. 반면에 사람들이 선호하는 점포는 편의점에 비해 들어가는 비용이 무척 많은데, 그만큼 리스크가 엄청 크다.

편의점은 창업 비용이 상대적으로 적게 드는데, 입지만 잘 선택하면 다른 점포보다 매출을 많이 올릴 수 있을 것이다. 실제로 다른 점포에 비해 편의점은 딱히 영업력이나 차별성이 크게 필요하지 않을 테니 말이다. 개인적으로 언젠가 상가나 빌딩을 매입한다면 대로변보다는 해당 동네에서 주로 이용하는 도로 위주로 파악해서 매입할 생각이다. 이 책의 저자에게 부탁하면 더 빠를 것 같은데, 도와주려나 모르겠다. 이 책은 지역별로 지속적으로 매출을 파악하는 방법을 알려주니 자습서나 참고서처럼 보면 좋을 듯하다. 직접 해당 상권에 책을 들고 찾아가서 조사해 본다면 더 좋고.

일상과 이상을 이어주는 책 ————

일상이상

투알못도 부자로 만들어주는 책 읽기
부의 공부법

ⓒ 2020, 이재범(핑크팬더)

초판 1쇄 찍은날·2020년 12월 4일
초판 1쇄 펴낸날·2020년 12월 11일
펴낸이·김종필 | 펴낸곳·일상과 이상 | 출판등록·제3003-2009-112호
주소·경기도 고양시 일산서구 일현로 140 125-406
전화·070-7787-7931 | 팩스·031-911-7931
이메일·fkafka98@gmail.com
ISBN 978-89-98453-77-0 03320